高顿教育 | 持证无忧系列　　金融风险管理师考试用书 2025

FRM
一级中文教程
下
估值与风险模型

高顿教育研究院 | 编著

中国出版集团有限公司
世界图书出版公司
上海　西安　北京　广州

图书在版编目（CIP）数据

FRM一级中文教程. 下 / 高顿教育研究院编著. — 上海：上海世界图书出版公司，2023.5（2025.3重印）
ISBN 978-7-5232-0370-5

Ⅰ.①F… Ⅱ.①高… Ⅲ.①金融风险—风险管理—资格考试—教材 Ⅳ.①F830.9

中国国家版本馆CIP数据核字（2023）第074884号

书　　名	FRM一级中文教程（下）
	FRM Yiji Zhongwen Jiaocheng（Xia）
编　　著	高顿教育研究院
责任编辑	李　晶
装帧设计	汤惟惟
出版发行	上海世界图书出版公司
地　　址	上海市广中路88号9-10楼
邮　　编	200083
网　　址	http://www.wpcsh.com
经　　销	新华书店
印　　刷	上海普顺印刷包装有限公司
开　　本	787 mm×1092 mm　1/16
印　　张	59.25
字　　数	1029千字
版　　次	2023年5月第1版　2025年3月第3次印刷
书　　号	ISBN 978-7-5232-0370-5 / F·88
定　　价	300.00元（全三册）

版权所有　翻印必究
如发现印装质量问题，请与印刷厂联系
（质检科电话：021-36522998）

目 录

第四部分 估值与风险模型

第四十八章 公司债券 / 690

  第一节 公司债券概述 / 691

  第二节 公司债券的风险 / 701

第四十九章 定价惯例、折现和套利 / 705

  第一节 美国的国债 / 706

  第二节 一价定律与套利 / 710

第五十章 利率 / 714

  第一节 利率知识基础 / 716

  第二节 即期利率 / 722

  第三节 远期利率与平价利率 / 728

  第四节 其他利率 / 736

  第五节 利率的期限结构 / 739

第五十一章 债券收益率和回报的计算 / 743

  第一节 到期收益率 / 744

  第二节 报价的惯例与计算 / 749

  第三节 损益的分解 / 752

第五十二章 久期和凸度 / 758

  第一节 久期 / 759

第二节　凸度／767

第三节　对冲／774

第五十三章　对期限结构的非平行移动建模和对冲／777

第一节　主成分分析／778

第二节　关键利率基点价值／780

第三节　远期局部基点价值／785

第五十四章　住房抵押贷款和住房抵押贷款支持证券／789

第一节　按揭贷款与提前还款／791

第二节　证券化／794

第三节　MBS 的估值与定价／804

第五十五章　利率衍生品／808

第一节　远期利率协议／809

第二节　美国国债期货／812

第三节　有担保融资利率期货／815

第四节　对冲的策略／816

第五十六章　度量金融风险的指标／819

第一节　在险价值／820

第二节　预期亏空／824

第五十七章　在险价值的计算与运用／829

第一节　Delta-Normal 法／830

第二节　历史模拟法／834

第三节　蒙特卡洛模拟法／837

第五十八章　波动率的估计与监控／840

第一节　资产回报的分布／841

第二节　估计波动率的方法／843

第三节　非等权重的历史模拟法／850

第五十九章　外部信用评级与内部信用评级／853

第一节　外部信用评级／854

第二节　影响评级的因素／860

第三节　内部信用评级 / 862

第六十章　信用风险的度量 / 865

第一节　度量信用风险的重要因素 / 866

第二节　预期损失与非预期损失 / 870

第三节　银行的信用风险资本 / 873

第六十一章　国家风险 / 883

第一节　国家风险的来源 / 884

第二节　国家风险的评估 / 886

第三节　主权违约概述 / 888

第四节　主权违约风险的评估 / 890

第六十二章　操作风险 / 893

第一节　定义和分类 / 894

第二节　计算和管理 / 896

第六十三章　压力测试 / 907

第一节　压力测试与其他风险度量工具 / 908

第二节　压力测试的关键要素 / 910

第三节　压力测试的治理与巴塞尔基本原则 / 914

04

第四部分

估值与风险模型

考情分析

"估值与风险模型"(valuation and risk models)是 FRM®一级中的第四门科目,分值占比 30%。顾名思义,这门科目主要探讨两大主题,一是金融工具的定价与估值,二是对风险的识别、计量与管理。有关估值部分,我们将主要探讨固定收益类工具的定价与估值。有关风险部分,我们将主要围绕金融机构的市场风险、信用风险和操作风险进行展开。从考试的角度来看,本科目中知识点的考查注重定性与定量相结合。相对而言,在"估值"的部分会有更多的定量角度的考查。考生需要掌握各种利率之间的换算关系,通过不同利率计算债券价格,计算在管理利率风险中的对冲比率等内容。而在"风险模型"部分会有更多偏向于定性理解的考查。在这部分内容中,不乏一些复杂的风险测度模型,从应考的角度来看,考生应主要掌握这些模型的核心思想,而其背后艰深的数学原理相对次要,了解即可。

"估值与风险模型"共十六章,包括五个部分。一是"固定收益工具",主要介绍市场中的主要固定收益产品及其利率衍生品、利率及利率风险的管理(第四十八章至第五十五章)。二是"市场风险",主要介绍市场风险的度量指标(特别是波动率、在险价值和预期亏空)的计算与运用问题(第五十六章至第五十八章)。三是"信用风险",主要介绍信用风险度量与管理的不同方法(第五十九章至第六十一章)。四是"操作风险",主要介绍操作风险度量与管理的不同方法(第六十二章)。五是"压力测试",主要介绍压力测试实施方法以及压力测试与其他风险管理手段的区别与联系(第六十三章)。

本部分框架图

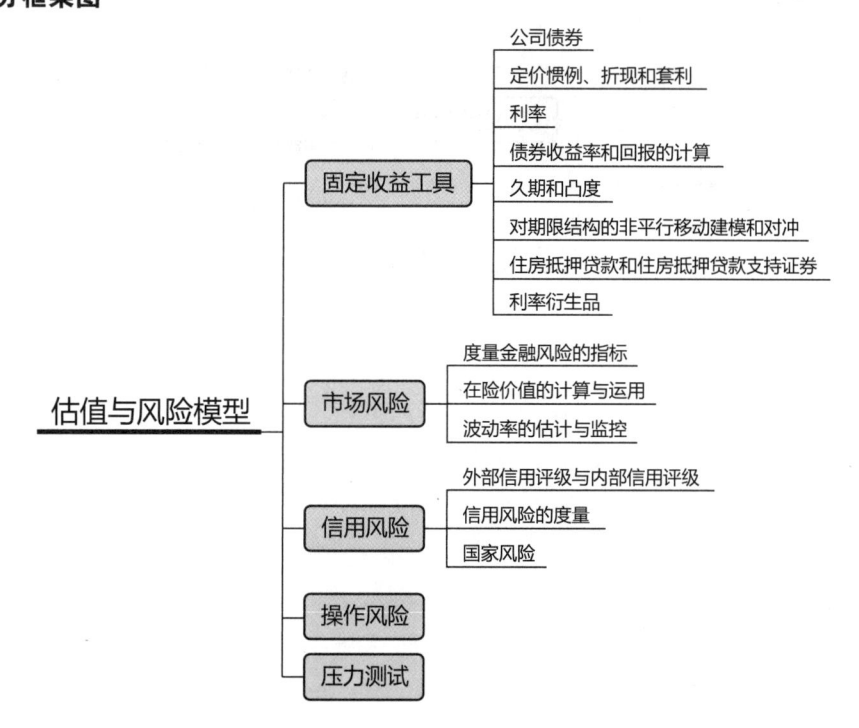

估值与风险模型
- 固定收益工具
  - 公司债券
  - 定价惯例、折现和套利
  - 利率
  - 债券收益率和回报的计算
  - 久期和凸度
  - 对期限结构的非平行移动建模和对冲
  - 住房抵押贷款和住房抵押贷款支持证券
  - 利率衍生品
- 市场风险
  - 度量金融风险的指标
  - 在险价值的计算与运用
  - 波动率的估计与监控
- 信用风险
  - 外部信用评级与内部信用评级
  - 信用风险的度量
  - 国家风险
- 操作风险
- 压力测试

第四十八章

公司债券

知识引导

公司债券是公司为融资而发行的一种债务工具。发行人承诺按照事先约定的时间及时足额还本付息。本章将就公司债券的相关内容进行探讨。

考点聚焦

通过本章的学习，考生应能够了解债券契约、债券到期日、债券清偿的概念；能够掌握主要的债券类型，包括抵押债券、抵押信托债券、设备信托凭证、次级和可转换公司债券以及担保债券；了解公司债券在到期前可清偿的机制并能够区分信用违约风险与信用利差风险之间的差别；理解事件风险、高收益债券。

本章框架图

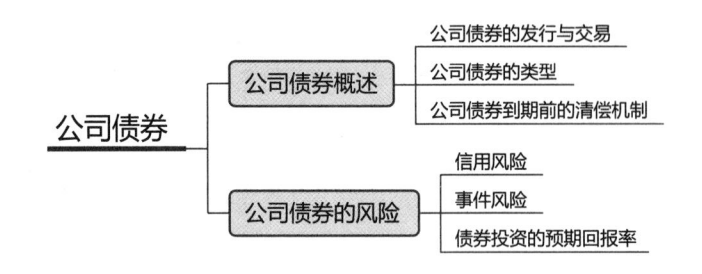

```
                          ┌── 公司债券的发行与交易
            ┌─ 公司债券概述 ─┼── 公司债券的类型
            │              └── 公司债券到期前的清偿机制
公司债券 ───┤
            │              ┌── 信用风险
            └─ 公司债券的风险 ┼── 事件风险
                          └── 债券投资的预期回报率
```

第一节　公司债券概述

公司债券（corporate bonds）是一种固定收益工具，要求发行人在指定日期支付事先约定比例的利息并在到期日以面值偿还本金。公司债券是发行公司对债券持有者的一种承诺，具有法律效力。如果在规定期限未能及时足额偿付本息，那么公司在法律上便构成了违约，债券持有者可通过诉讼强制要求公司履行承诺。正是因为存在这样的契约性约束，相比于普通股及优先股股东，债券持有者对公司收入及资产享有优先索偿权。

下文将就公司债券的一些基本特征展开讨论。

一、公司债券的发行与交易

> 描述（describe）债券交易的特点（★★）
>
> 解释（explain）债券收益率的变动特点（★★）
>
> 描述（describe）债券的契约（★）
>
> 描述（describe）债券契约并解释（explain）在债券契约中公司信托人的角色（★）

债券的发行可分为公开发行（public issue）和私募发行（private placement）两种模式。若选择前者，债券将面向市场所有的投资者进行发行。而选择后者，则意味着债券将面向特定投资者进行发行。两种方法各有优势，公开发行的优势包括发行对象广泛、资金筹集的潜力较大、债券发行后可在公开市场交易、资产流动性高等。而私募发行的优势则包括发行费用低、监管要求少、完成发行时间较短等。在公开发行中，投资银行（investment bank）将作为承销者（underwriter）安排整个发行过程，并且会首先购买全部债券，再向市场当中的其他投资者进行出售。投资银行的收入来源于债券买卖产生的差价，同时其也将承担未能及时完全出售债券、市场波动导致的债券价格下跌等风险。

债券发行方式，将决定发行后的交易方式。如果采用私募发行，投资者将不能在公开市场出售债券，往往会持有债券至到期。而采用公开方式发行的债券，将主要在场外市场（over-the-counter market）交易，这和股票有所不同，因为股票主要在交易所（exchange）进行场内交易。由于缺乏中心化的交易场所，场外市场往往需要做市商（dealer）为流动性提供支持。做市商将同时报出其愿意购买和出售债券的价格，而投资者无论需要买债券，还是卖债券，都以做市商为对手方。做市商的报出价格将随市场行情变化，当投资者购买意向强烈时，价格将会上涨；反之，将会下降。

公司债券发行人的承诺和义务与债券购买者的权利会详细列示在合同条款中，这类条款通常被称为契约（indenture）。一些对发行人的要求或者限制会以专门条款（covenant）的方式进行载明。如果是要求发行人履行的事项，则称为肯定条款（positive covenants），如发行人应维护好资产，按时按量还本付息等。如果是禁止发行人行为的事项，则称为否定性条款（negative covenants），如不得向股东分红，不得进行股权回购等。而如果是需要发行人维持财务比率的事项，则称为财务条款（financial covenant），比如要求发行人将利息保障倍数保持在特定水平。

虽然契约周密而完善，但对于一般投资者而言，理解契约中晦涩的法律术语尚有难度，以一己之力督促公司履约更是不切实际。因此，实务中通常引入第三方——公司债券信托人（corporate bond trustee）来解决这些问题。具体而言，公司债券信托人作为债券持有者的利益代表，承担信托责任（fiduciary duty）。公司债券信托人的权利和义务会在债券契约中明确规定，公司债券信托人将严格按照契约有关规定，对债券发行人是否履行契约中的各项条款进行监管，每当发行新债时确保不超过契约约定本金金额，对所有已发行债券进行跟踪，当公司违反契约时及时采取行动维护债券持有者利益。实务中，公司债券信托人通常是拥有信托部门的大型公司，具有执行信托人职责的专业金融平台、商业银行或普通信托公司。值得指出的是，公司债券信托人的劳务报酬由债券发行人支付，而公司债券信托人也只能在契约约定范畴内行事，这就有可能存在潜在的委托代理问题。

当给定市场价格和债券未来现金流时，可以通过计算内含报酬率的方法，计算出债券的收益率。收益率可以看作是由无风险债券的收益率加上利差（spread）所得到的。这部分利差主要由信用风险（credit risk）、期限（maturity）、流动性（liquidity）三个因素决定。三者的主要影响如下：

（1）当目标债券信用风险增大时，投资者承担更大风险，在投资时要求更多的回报，利差将增大；反之，则会减小。

（2）当其他因素不变，债券到期期限增长时，投资过程中的不确定性将增加，投资者要求更高的回报，利差将增大；反之，则会减小。

（3）流动性用来衡量债券以合理价格快速变现的能力，当债券流动性不足时，债券只能以相对较低的价格进行出售，投资者蒙受损失。对于流动性较差的债券，投资者将要求更高的回报，利差将增大；反之，则会减小。

债券在交易过程中，将会出现两个价格：一个是交易价，又名全价（full price）或脏价（dirty price）；另外一个是报价，又名平价（flat price）或净价（clean price）。交易价-应计利息（accrued interest）=报价。应计利息是指债券发行人应当支付但实际并未支付给投资者的利息。债券的交易价格为债券未来现金流在债券交割日的现值之和，应计利息的计算方式为：

$$应计利息 = 单次票息 \times \frac{t}{T}$$

其中，T 指上一个付息日距离下一个付息日的天数，t 指债券交割日距离上一个付息日的天数。在计算天数时不同国家的市场可能不同，但公司债一般采用 30/360 的计算传统，该方法简单认为 1 年都是 360 天，1 个月都是 30 天。

例如，某债券单次票息为 2.5 元，付息日为每年 6 月 30 日和 12 月 31 日，债券交割日为某年 8 月 1 日，报价为 98 元。按照 30/360 计算天数的方法，两个付息日之间相隔 6 个月，应当计为 180 天，交割日距上一个付息日的天数应当计为 31 天（30+1），则应计利息为：$2.5 \times \frac{31}{180} = 0.43$（元），成交价为：98+0.43=98.43（元）。

考生可能会有疑问，为什么会有两个价格，为什么不直接使用成交价作为报价呢？这主要是因为交易价存在循环"上升-下跳"模式，原因是票息的累积是连续计算的，而实际的现金票息支付却是离散的，只在付息日进行。即在两个付息日之间，随着票息的累积，债券的交易价格逐渐上升，当来到付息日时，债券价格将在票息支付以后，出现"下跳"的现象，下降的金额即为单次票息的金额。这种模式所导致的价格不连续将不适用直接以成交价作为报价。为了解决这种问题，市场会做一个人为处理：假设票息会按天支付，并以交易价减去这些票息之后的金额作为报价。这样处理后，报价会在付息日的时候与交易价重合，并且呈现相对平坦（flat）且连续的特点。具体如图 48.1 所示。

图 48.1　债券交易价报价示意图

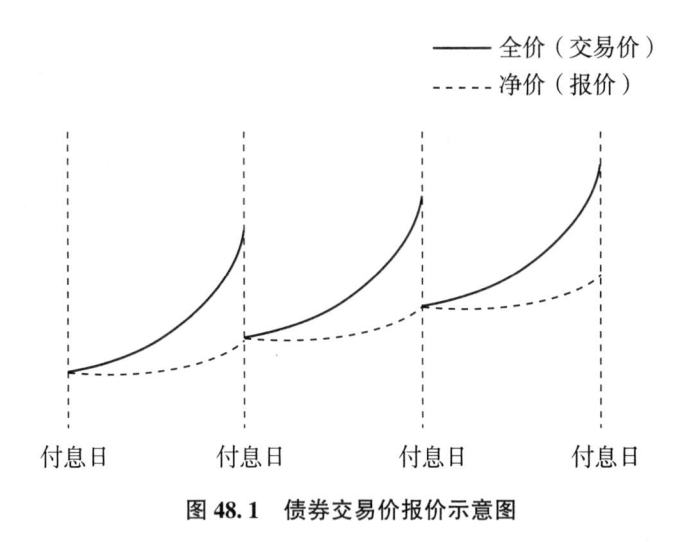

二、公司债券的类型

> 描述（describe）以发行人、期限、票息、抵押品为依据对债券的不同分类（★★）

根据公司债券的特征，如发行人类别、期限的长短、票息的支付情况、抵押品的属性等，可以将其进行分类。

1. 发行人

在公司债券市场中，发行人（issuers）主要可以分成五类。

第一类是国际机构（internationals），这类发行人通常指代的是一些国际机构，如亚洲基础设施投资银行或者一些其他外国公司。特别地，外国投资机构在本国市场中发行的以本币计价的债券，被称为外国债券（foreign bond），而且它们还会被冠以本地化的"昵称"。例如，外国投资者在中国发行的以人民币计价的债券，会被统称为"熊猫债"。外国投资者在美国发行的以美元计价的债券，会被统称为"扬基债"（Yankee Bonds）。第二类是实业公司（industrials），此类发行人通常指实体经济中的制造业、零售业企业。第三类是金融机构（financial institutions），此类发行人包括银行、保险公司、券商等金融机构。第四类是公共事业机构（utilities），此类发行人包括电力、通信、水务等公共事业机构。第五类是交通运输机构（transportation companies），此类发行人包括航空、铁路、水路、公路运输机构。

2. 期限

企业债券中，到期期限（maturity）最短的一类债券是商业票据（commercial paper），又称短期融资券，它指的是期限为一年以内的短期债券。随着期限的增加，企业债券又分为短期票据（short-term note）、中期票据（medium-term note）和长期债券（long-term bond）。其中短期票据的期限为 1~5 年，中期票据的期限为 5~12 年，长期债券的期限为 12 年以上。

3. 票息

在债券中，按期支付的利息被称作票息（coupon）。根据票息计算方式的不同，可以把债券分为固定利率债券（fixed-rate bonds）和浮动利率债券（floating-rate notes/bonds）。

（1）固定利率债券

顾名思义，对于固定利率债券，发行人在整个期限内，都会按照一个固定的票息率来支付票息。这种债券也是市场当中最常见的类别。

其中，零息债券（zero-coupon bonds）可以被看作一种特殊的固定利率债券。这种债券的发行人不会支付票息，为了保持公平，投资者会折价购买债券，因此这种债券也被称为纯打折债券（pure discount bond，或称作纯贴现债券）。例如，面值为 1 000 元、期限为 1 年的零息债券，投资者可能的购买价格是 950 元，投资者的收益为当期还款金额 1 000 元和购买价格 950 元的差价，即 50 元，收益率为 5.26%（50/950×100%）。虽然零息债券的价差收益和其他债券的票息收益类似，但在许多国家，这部分收益将按照资本利得（capital gain）征税（票息收入通常按照普通收入征税），如果这个国家的资本利得税率低于普通收入税率，那么零息债券将具有税收优势。此外，零息债券不具有再投资风险。在整个投资期内，再投资风险发生的场景，是投资收到票息后需要以当前市场利率进行再投资的时候，显然，零息债券不会发生此风险。

（2）浮动利率债券

浮动利率债券（floating-rate notes）的票息率在到期期限内会随市场基准利率浮动而变化。有的时候，浮动利率债券会设置浮动上限（cap）和浮动下限（floor）以减少基准利率异常波动带来的风险。

4. 抵押品

抵押品（collateral）的设置，是对债权人很好的保障。当企业因违约发生破产时，有抵押债券的债权人可以对出售该抵押品的收入享有优先受偿权。根据抵押品的性质，可以将企业债券分为不同类别。

(1) 房地产抵押债券

房地产抵押债券（mortgage bonds）是用一个或多个资产（通常为不动产）作为抵押担保的债券。在债券发行人发生违约的情况下，债券持有者有权要求对抵押品进行清算进而获得赔偿，以弥补违约造成的损失。该债券赋予债券持有者对债券发行人所有财产的优先受偿权，为债券持有者提供了额外的保障。因此，在同等条件下，发行人能够以比无抵押债券更低的利率进行融资。

有的时候，借贷双方也可能约定后得条款（after-acquired clause）。后得条款指的是，当借款人签署抵押贷款协议后，在一定时间内，如果借款人新购置任何资产，这些资产都会被设置抵押，成为贷款抵押品之一。例如，借款人3月1日签订了一份本金为100万元的贷款合同，以价值120万元的自有房屋作为抵押，并设置后得条款。4月1日，借款人购置二手小汽车一辆，价值10万元。根据相关条款，这辆二手汽车会成为贷款合同的抵押品之一，总抵押品价值为130万元。

(2) 抵押信托债券

抵押信托债券（collateral trust bonds）是由金融资产（如股票或其他债券）担保的债券。对于没有大型固定资产的服务型公司而言，可将其持有的证券包括股票（优先股、普通股）、票据、债券或其他的债务工具作为抵押品。在资产为股票并涉及投票权时，如果发行人没有对债券违约，则由发行人正常行使股票赋予的投票权。而如果发行人发生违约，则会由信托人（trustee）代表债权人利益行使投票权。

(3) 设备信托凭证

设备信托凭证/债券（equipment trust certificates）是一种通过融资方式购买某项资产的债务工具。

发行这种凭证的公司主要是铁路公司、卡车运输公司和航空公司等运输行业的企业，而融资所得的资金则用于购买特定的设备，如铁路机车、重型卡车和飞机等实物，并以此作为抵押品。比起抵押债券和抵押信托债券，设备信托凭证的抵押品往往具有较强的现金流产生能力，故而其价值更加稳定。具体操作时，购买资产后，所有者为信托人，发行人以资产租赁人的身份使用资产。待债券本息全部归还完毕后，方由信托人将所有权转移给发行人。这样操作的好处是，当发行人发生违约时，信托人作为资产所有者，可直接将资产租赁给他人，无须涉及所有权转让或者破产清算等流程，也不会因此产生更多的费用。

例题 48.1

在其他情况均相同时，下列哪种债务工具的信用风险最小？

A. 设备信托凭证　　　　　B. 房地产抵押债券

C. 固定利率债券　　　　　D. 浮动利率债券

名师解析

答案为 A。选项 C 与选项 D 是按票息的支付特点划分的债券类别，并不能看出投资人信用风险的保障情况，故排除选项 C 与选项 D。房地产抵押债券虽然以抵押品作为担保，但抵押品产生现金流的能力是相对不确定的；并且在清算过程中，可能产生其他成本。相比之下，设备信托凭证中由信托人持有的设备是可直接用于生产的，现金流产生能力相对稳定，且所有权归代表债权人利益的信托人所有，故风险最低。

（4）无抵押债券

无抵押债券（debenture bonds）是一种没有特定抵押担保物的债务工具，由于没有资产清算收入的优先受偿权，当企业发生破产清算时，无抵押债券的持有者将比抵押债券持有者承担更大的风险。

有的时候，无抵押债券持有者会要求在债券契约中加入消极抵押条款（negative pledge clause），该条款要求发行人不再将更多的资产设置抵押，以保障债券持有者的受偿权益。

在无抵押债券分类下，还有一种债券被称为次级无抵押债券（subordinated debenture bonds），顾名思义，该债券的受偿权位于普通无抵押债券之下。由于承担更多的风险，该债券的投资者在投资时会要求更高的收益率，支付更低的价格。

（5）担保债券

担保债券（guaranteed bonds）是指由第三方提供还款担保的债券。担保人可以是发行人的关联企业（如母公司）或者是其他金融机构。投资人获得担保并不意味着没有任何风险（担保人也存在违约风险）。特别地，如果发行人与担保人的违约相关性上升，担保的效果将会减弱。

三、公司债券到期前的清偿机制

描述（describe）公司债券在到期日前进行提前清偿的机制（★★）

除了正常履行还本付息义务至到期，公司债发行人还有可能依照契约规定，在到期日前，支付财产权益，以清偿债务或提升还款保障。如此安排时，可能对发行人有利，也可能对投资人有利。公司债券到期前的清偿机制主要包括：赎回条款、回售条款、可转换条款、偿债/沉淀基金条款、维修与替换基金、通过出售资产和其他手段赎回以及要约收购。

1. 赎回条款

许多公司债券都会设置赎回条款（call provisions），赋予债券发行人在到期前某个或某几个时点，可以选择以约定价格赎回债券的权利。当**市场利率下降**时，发行人倾向于行使权利，赎回债券，结束合约，以更低的市场利率进行再融资。而投资者拿回本金后，只能以更低的利率进行再投资，面临**再投资风险**。由于该权利对发行人有利，**对投资人不利**，所以投资者在投资时会要求更高的收益率，支付更低的价格。

通常，赎回的价格会在债券发行时就已确定。但是也有一种 make-whole 的赎回条款，它规定在赎回日的赎回价格等于债券持有人拥有的剩余的利息和本金的现值。这种赎回条款的好处是对于债券持有人来讲没有额外的财务成本，因此债券持有人也不会要求更高的回报。

2. 回售条款

与赎回条款对应，有的债券会设置回售条款（put provisions），赋予债券的**投资人**在到期前某个或某几个时点可以选择以约定价格回售债券的权利。通常，在**市场利率上升**时投资人会行使此权利，这是因为此时投资人可以通过回售债券提前取回本金，以更高的收益再将本金贷出。由于可回售债券**对投资人有利**，所以价格要比相同条件的不可回售债券高，或者说投资人会要求可回售债券的收益率更低一点。

3. 可转换条款

含有可转换条款（conversion provision）的债券被称为可转换债券或者可转债

(convertible bond)。此条款赋予债券投资人把其持有的债券转换为发行债券公司股票的权利。由于可转换条款对投资人有利,所以可转换债券的价格比相同条件下的不可转换债券要高,或者说投资人会要求可转债的收益率更低一些。

可转债兼具债券和股票的性质。可转换债券合约中会约定具体的转换价格(conversion price),即持有人可按每股多少钱将手里的债券转为股票。如果股票的市场价格超过转换价格,那么债券持有人可以从转股中获益,即以低于市场价购买股票,此时可转债的性质也更偏向股票一些;相反,如果股票的市场价格一直低迷,持有人则不会选择转股,而是将继续收取票息,此时可转债的性质更偏向债券一些。

4. 偿债/沉淀基金条款

传统的偿债基金条款(sinking-fund provisions)指发行人定期将现金存入偿债基金,以确保债券到期时有足够的资金进行偿付。

譬如一个10年期的债券,每年提取本金的10%放入专有账户由第三方托管,至10年期到期时,便有足够的资金偿付本金。

传统偿债基金的做法存在一个缺陷:偿债基金通常也会被用于投资以赚取收益。然而一旦涉及投资,风险便伴随而至,这对资金的风险管理有一定要求。因此,在现代实践中对偿债基金条款作了改良,偿债资金不再以资金的形式存入资金池,而是由发债公司在债券到期前定期赎回一些债券。接之前10年期债券的例子,更现代的做法不再是每年留存本金的10%,而是每年赎回初始发行价值的10%。假设公司初始发行债券的价值为10亿美元,那么每年则需要赎回价值1亿美元的债券。该条款对债券持有者更为有利,避免了无法偿付本金的风险。

5. 维护与替换基金

维护与替换基金(maintenance and replacement funds,M&R)条款要求发行人追加其他资产或者现金,以保证债券抵押品总额位于某一水平。该条款在公共事业行业中使用较多。公共事业投资的特点是初始投资额较大,之后边际成本较小。维护与替换基金与房屋贷款条款中要求房主维护和保持房屋良好状态非常类似。

由于一些实物资产如供水管道、电缆或天然气管道等会受到经济折旧的影响,维护与替代基金有助于维护债券抵押财产的经济价值与可使用状态。

M&R基金不同于偿债基金:前者有助于维持债券担保抵押资产的价值,而后者则旨在维持发行人的偿付能力。两者虽针对性不同,但都是以避免债券发行人出现偿付问题为目标,故而对债券持有者更为有利。

6. 通过出售资产和其他手段赎回

发行人可以通过出售资产获取现金以偿还债券。特别地，有时投资人也会设置契约条款允许发行人将设置抵押的资产进行出售，以进行提前偿债。

7. 要约收购

在债券到期日前，公司可以执行要约收购（tender offers），提出回购特定已发行债券的要约。收购价格为某个固定的价格或是债券未来现金流的现值。要约收购可针对部分或全部的目标债券进行，要约收购的通知将收购价格以及收购时间窗口发给债券持有者，投资者可以选择是否参与收购，如果届时参与回购的债券持有者太少，公司可以提高收购价格并延长收购时间窗口。

例题 48.2

下列哪种方法是到期前偿付债券时对债券持有者最不利的？

A. 要约收购　　B. 赎回条款　　C. 偿债基金条款　　D. 维护与替代基金

名师解析

答案为 B。要约收购是一种优势性赎回，它总是为债券持有者提供优惠的条件。赎回条款会降低发行人的财务成本，因此会损害债券持有者的利益。赎回条款赋予债券发行人在到期前某个或某几个时点可以选择以约定价格赎回债券的权利，权利在债券发行人一方；另外，债券投资者拿回本金后只能以更低的利率进行再投资，面临再投资风险。因此，它会损害债券持有人的利益。而偿债基金和维护与替代基金则是保持现金流更加稳定可靠的制度安排。

备考小贴士

本节内容偏重定性考查。本部分内容名词较多，考生需要多熟悉单词，能做到"知其名，识其意"即可。

第二节 公司债券的风险

一、信用风险

> 区分（differentiate）信用违约风险与信用利差风险之间的差别（★★）

相比于国债，公司债券具有一定的信用风险。信用风险通常可细分为信用违约风险和信用利差风险。

1. 信用违约风险

信用违约风险（credit default risk）是指债券发行人无法履行其债务义务的风险，即发行人无法按照债券契约的规定按时按量还本付息的风险。

实务中，对信用违约风险的衡量主要依赖于信用评级机构给出的债券评级。目前主要的三大评级机构分别为标准普尔（Standard & Poor's）、穆迪（Moody's）以及惠誉（Fitch）。三大评级机构中，标准普尔和惠誉对于相同评级采用一致的评级符号，而穆迪采用的评级符号和前面两者稍有区别。譬如，信用违约风险最小的公司债券级别为AAA级（标准普尔与惠誉）或Aaa级（穆迪）。债券评级在BBB-（标准普尔与惠誉）或者Baa 3（穆迪）级及以上的债券代表投资级债券；债券评级低于BBB-（标准普尔与惠誉）或者Baa 3（穆迪）级的则为投机级债券或高收益/垃圾债券。

2. 信用利差风险

信用利差（credit spread）是指公司债券的收益率与到期日相同的国债收益率之间的差额。信用利差主要受发行人特定信用因素（如发行公司的经营状况以及前景等）的影响。利差越大意味着债券收益率越高，债券的价格则越低。

信用利差风险是指由信用利差的变化而引起的公司债券价格波动风险。如果信用利差扩大，公司债的价格相对于国债就会下跌，进而给投资者带来风险。此外，经济危机发生时，会产生安全投资转移现象（flight to quality），信用利差会较平时扩大，因为此时无风险债券会更多为投资者所选择，其价格会上升，而普通债券价格会相对下降。

所以综合来看，信用风险不仅仅是指发行人发生实际违约的风险，还包括利差扩大带来的风险（评级的下调也会引起利差的扩大）。

3. 高收益债券（垃圾债券）

> 定义（define）高收益债券，并描述（describe）高收益债券发行人的类型以及高收益债券特有的一些支付特征（★）

如前文所述，高收益债券或垃圾债券，即被信用评级公司评定为投机级（低于BBB-级）的债券。垃圾债券的特征是"双高"：高期望收益率、高违约风险。

（1）高收益债券类别

并非所有发行高收益债券的发行人都濒临违约或破产，具体来说，高收益债券的发行人主要包括以下三类。

首次发行人（original issuers）：主要指刚起步的、成长中的发行公司。例如创业公司，其财务实力相对薄弱，没有可供追溯的历史业绩，故需要发行高收益债券方能获得融资。

堕落天使（fallen angels）：指那些原先具有投资级别的公司由于财务状况恶化，被重新评级为投机级别的公司。这类发行人往往过去辉煌煊赫，但如今愁苦佗傺。

大量举债的公司：公司在进行杠杆收购（举债收购公司）或者其他重组行为时，会大量举债，从而彻底改变公司的资本结构。项目成功可能对股东大有裨益，但对于只能收到固定收益的债权人来说只是徒增风险。因此，为了成功收购项目，发行人可能只有通过发行高收益债券，才能达成融资目标。

（2）高收益债券的支付特征

为了缓解高收益债券利息支付的负担，高收益债券有时会加入特殊的支付安排。

延期利息债券（deferred-coupon bonds）：该债券允许发行人在开始的一段时间内不支付票息，而在剩余的时间再正常支付票息。这种方式适合在初始阶段有现金流困难的发行人。

累进票息债券（step-up bonds）：这类债券是支付利息的，但初始的利率较低，随后逐渐上涨。

实物付息债券 [payment-in-kind (PIK) bonds]：发行人通过向投资人提供新的债券以代替现金来支付票息。采用这种方式，往往是因为发行人在其他债券契约中被规定了不得支付现金利息。

可延长重设票息债券（extendable reset bond）：这类债券的票息会定期重置（通常一年一次或者更频繁），以达到将债券价格维持在某一水平的目的。这种债券可能会赋予发行人赎回债券的权利，该权利规定，如果发行人通过发行股份获得融资，便可以用这部分金额赎回部分债券。

二、事件风险

> 描述（describe）事件风险并解释（explain）什么因素能导致公司债券发生事件风险（★）

事件风险（event risk）是指在债券契约中没有提及，但由于如资产减值、兼并、重组、收购、杠杆收购和股票回购等事件的发生导致公司的资本结构发生实质性的变化（如杠杆大大上升、股本减少）的风险。这类变化常会带来不良后果，如债券持有者的安全性下降，债务质量等级下降，或被列入投机级等。

三、债券投资的预期回报率

> 评估（evaluate）债券投资的预期回报并且识别（identify）债券预期回报的组成部分（★★）

债券投资的预期回报率公式为：

$$预期回报率 = 无风险收益率 + 信用利差 - 预期损失率$$

无风险收益率加上信用利差等于债券市场收益率，而预期损失率为债券投资的平均损失，因此该公式可以理解为投资者实际平均能够收到的回报，等于市场收益率减去平均损失率。

备考小贴士

　　本节内容偏重定性考查。这里仅让大家简略了解一下债券的风险,更多与信用风险相关的内容会在后续章节展开。

第四十九章

定价惯例、折现和套利

知识引导

美国的国债市场已有长达二百余年的发展历史，其相关制度比较完善，是美国债券市场，甚至是全球金融市场中的重要组成部分。在数百年的发展进程中，美国国债市场也衍生出了许多约定俗成的交易惯例和交易方式，涉及价格的表示、天数的计算、剥离债券的生成等。除以上内容外，在本章的第二节，会介绍一价定律以及支撑它实现的套利过程。这些理论知识，将成为我们今后学习固定收益产品的知识基础。

考点聚焦

本章偏重基础常识和理论的介绍，难度不大，属于中等重要的章节。考生在学习时需要了解美国国债交易过程中有关价格、天数等的交易惯例，理解一价定律原理，能通过现金流复制的方法识别相关套利机会。

本章框架图

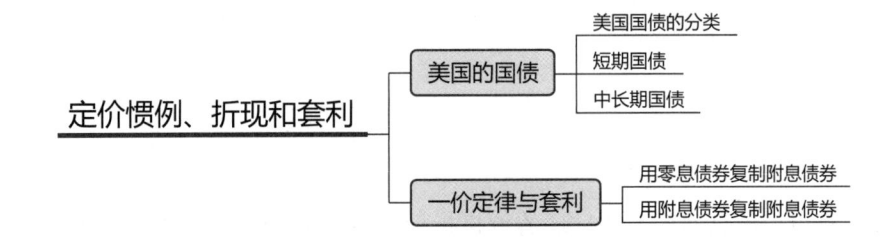

```
                          ┌─ 美国国债的分类
              ┌─ 美国的国债 ─┼─ 短期国债
              │            └─ 中长期国债
定价惯例、折现和套利 ─┤
              │              ┌─ 用零息债券复制附息债券
              └─ 一价定律与套利 ─┤
                            └─ 用附息债券复制附息债券
```

第一节 美国的国债

一、美国国债的分类

美国的国债（U.S. Treasuries）根据到期期限（maturity）可以分成三类：

（1）到期时间为1年或更短的，被称为T-Bills；

（2）到期时间为1~10年的，被称为T-Notes；

（3）到期时间为10年以上的，被称为T-Bonds。

二、短期国债

Treasury bills（简称T-Bills）属于短期国债的范畴，它的发行是为了满足政府短期的融资需求。

在市场交易中，T-Bills可能出现三种价格。

（1）买价（the bid quote），又称投标价，它指的是做市商（market maker）愿意为购买债券支付的价格。

（2）卖价（the ask quote），它指的是做市商在出售国债时可以接受的价格。

（3）中间市场价（the mid-market price），是买价和卖价的平均价。

在实际交易过程中，这三种价格会进一步细分为报价（quoted price，Q）和交易价（cash price，C）。例如，买价会分为买价的报价和买价的交易价。报价指的是某一债券在市场信息面板上所呈现的价格指标（在实际交易中，T-Bills报出的价格为折扣率），而交易价指的是买卖双方实际交收的金额。在债券面值为USD 100的情况下，报价（Q）和交易价（C）之间的关系可以表示为：

$$C = 100 - \frac{n}{360} \times Q \tag{49.1}$$

其中，n为T-Bills距离到期的日历日的天数；而Q可以看作是在360天的期间内，债券所获得的利息占面值的百分比。

报价指的是市场信息面板中对某一债券价格信息的呈现指标，它需要具备简短、横向可比等特点。因此在美国 T-Bills 市场中，不同面值、不同到期时间的债券价格都表示为 1.58、1.72、1.68 等比较相近的数值。而投资者实际交割的货币，需要根据式（49.1）进行换算。这个公式，乍一看令人非常费解，考生在理解时需要具备一些基础知识。首先，对于小于 1 年的短期固定收益产品，为方便起见，通常是不支付票息的零息债券，投资者所能获得的"利息"为面值和售价之间的折扣。因此，T-Bills 在实际交易中以折扣率进行报价。比如，售价为 99 美元的国债，发行人到期归还 100 美元的面值，那么投资者的回报为 1 美元，如果将收益除以面值则为 1 个百分点。其次，Q 值不是交易当中一手交钱一手交货的现金值，而是一个假设 1 年为 360 天的折扣年化值。上例中，如果该国债的期限是 180 天，那么 Q 值即为 $1 \times \dfrac{360}{180} = 2$。

为了加深理解，我们可以再举一些例子。例如，期限为 90 天的 T-Bills，买价的报价（Q）为 1.640，卖价的报价（Q）为 1.630，那么：

$$买价的交易价(C) = 100 - \dfrac{90}{360} \times 1.640 = 99.5900(美元)$$

解读为：每 100 美元面值的该国债，买方愿意支付 99.5900 美元。

$$卖价的交易价(C) = 100 - \dfrac{90}{360} \times 1.630 = 99.5925(美元)$$

解读为：每 100 美元面值的该国债，卖方接受的价款为 99.5925 美元。

当然，如果需要计算市场中间价，则有：

$$市场中间价 = \dfrac{99.5900 + 99.5925}{2} = 99.59125(美元)$$

三、中长期国债

T-Notes 和 T-Bonds 被称为中长期国债。而有的时候，也用 T-Bonds 直接指代所有 1 年期以上的国债。

1. 价格的表示

> 区分（differentiate）债券定价的"脏价"和"净价"，并且解释（explain）应计利息在债券定价中的可能影响（★★）

中长期国债的价格表示，也有其特殊之处。这种报价方法被称为"32等份"（32nds，thirty-seconds）。例如，如果一个债券的价格报为83-5，这是数值为价格所占面值的用32等份表示的百分比，即为面值的 $\left(83+\dfrac{5}{32}\right)\% \approx 83.15625\%$。因此，如果某债券的面值是USD 100 000，83-5对应的货币值形式的报价为USD 83 156.25。

对于中长期的国债，也有报价（quoted price，Q）和交易价（cash price，C）的区别。报价又被称为净价（clean price），而交易价也被称为脏价（dirty price）或全价（full price）。它们之间的关系表示为：

报价＝交易价－应计利息

应计利息＝单次票息×t/T，其中，T指上一个付息日距离下一个付息日的天数，t指债券交割日距离上一个付息日的天数。

2. 天数计算的惯例

> 描述（describe）在债券定价中使用的常见的天数计算方法（★★★）

在计算应计利息时，需要计算两个天数的比值（t/T）。对于天数的计算，常见的计算惯例有两种。一种是"真实天数/真实天数"（actual/actual）。在该惯例下，比例是用自上一个付息日起的实际天数除以付息周期的实际天数进行计算的。这种惯例常用于政府债券中。另一种是"30/360"，它是在假定每个月都是30天，每年都是360天的前提下，计算天数比值的方式。这种惯例常用于企业债和市政债（municipal bonds）中。

例题49.1

某长期国债面值为USD 100，票息率为6%，付息日为每年的3月1日和9月1日。在2019年6月1日，该债券的报价为101-20。如果当年9月1日距离3月1日184天，6月1日距离3月1日92天。请问在当年6月1日的交易价应为多少？

名师解析

101-20的百分比形式为101.625%，则报价为USD 101.625。由于半年付息一次，则：

$$\text{每一次的票息} = 100 \times \dfrac{6\%}{2} = \text{USD } 3$$

$$应计利息 = 3 \times \frac{92}{184} = USD\ 1.5$$

$$交易价 = 101.625 + 1.5 = USD\ 103.125$$

3. 剥离债券

> 识别（identify）美国附息国债的组成部分和比较（compare）国债剥离债券的结构，包括本金剥离债券和票息剥离债券（★★）

剥离债券（separate trading of registered interest and principal of securities, STRIPS）是附息国债被剥离成本金和票息后，分开进行交易的各个债券。市场中做市商（dealers）可以将附息国债交付给美国财政部，并且换回若干个剥离债券。来自原债券票息的，称为 C-STRIPS（或者 TINTs、INTs）。来自原债券本金的，称为 P-STRIPS（或者 TPs、Ps）。

剥离债券由美国财政部于 1985 年推出，旨在丰富市场利息债产品，完善期限结构，为市场创造更多种类的投资产品。关于剥离债券，我们也可以再举一个例子，现有一张于 2019 年 3 月 1 日发行的、面值为 100 万美元、发行期为 10 年的 T-Bond，其票息率为 6%，半年付息一次，付息日分别为 3 月 1 日、9 月 1 日。如果通过该债券，则可以创造出如表 49.1 所示的剥离债券。

表 49.1　从面值为 100 万美元、到期日为 2029 年 3 月 1 日、票息率为 6% 的债券剥离出的本息剥离债券

日期	C-STRIPS 面值/美元	P-STRIPS 面值/美元
2019 年 9 月 1 日	30 000	
2020 年 3 月 1 日	30 000	
2020 年 9 月 1 日	30 000	
2021 年 3 月 1 日	30 000	
…	…	…
2028 年 9 月 1 日	30 000	
2029 年 3 月 1 日		1 000 000

> **备考小贴士**
>
> 本节内容偏重定量考查。考生需要了解美国国债不同报价的习俗、脏净价计算，这些知识点均会和后续知识点结合考查。

第二节 一价定律与套利

> 定义（define）一价定律，并使用一个有关套利的论据来解释它，描述（describe）如何在债券定价中使用它（★）
>
> 通过固定收益证券的特定现金流识别（identify）套利机会（★）
>
> 使用多个固定收益债券构建（construct）复制组合以匹配给定债券的现金流（★）

一价定律（law of one price）的本质是，相同的东西应该有相同的市场价格。在金融市场中，当其他情形相同，并且两个资产未来的现金流完全相同时，它们的价格应该相等。一价定律是由套利的过程驱动和维持的。利用同一商品在不同市场的价格差别进行买卖获利的行为被称作套利（arbitrage）。不需要承担任何风险就可能获利的情况被称为套利机会。

我们来看一个简单的套利行为。

A 银行存贷款利率分别为 5%、6%，B 银行存贷款利率分别为 7%、8%。

套利机会：A 银行贷款利率 < B 银行存款利率。

套利操作：从 A 银行贷款，到 B 银行存款。

无风险利润：利率差价 1%。只有现金流入，而没有现金流出。

操作结果：A 银行贷款需求增加，贷款利率上升；B 银行存款供给增加，存款利率下降。A 银行贷款利率和 B 银行存款利率迅速趋于相同。

套利机会就像落在大街上的钞票，一旦被发现，就会立即消失。因此，套利的结果是导致不同市场的同一证券的价格趋同。市场的正常状态应该是不存在套利机会的。这里常说的套利是不需要投资者出本金的。

一价定律应用的前提是找到从金融角度看本质上相同的资产，对债券来说至少要包含两点：现金流状况和风险状况。在此基础之上，才能利用本质上相同的债券的相关价值信息来为我们关心的债券进行估值与定价。

附息国债的现金流可以分解为不同期限的单一现金流之和。仍然以面值为 100 美元、票息率为 5%、按年付息的 3 年期附息国债为例。该附息国债可以分解为 3 个零息债券：1 年期零息债券（面值为 5 美元）、2 年期零息债券（面值为 5 美元）和 3 年期零息债券［面值为 100+5 = 105（美元）］。它们对应的期末现金流就是零息债券的面值。在给定风险等条件相同的情况下，附息国债与相应的 3 个零息债券所对应的现金流状况完全相同。如果我们把这 3 个零息债券看成一个组合债券，从金融角度看，这个组合债券与附息国债在本质上是相同的债券。因此，附息国债可以分解为多个零息债券，根据一价定律，就可以结合组合债券的相关信息，为我们所关心的附息国债定价。

一、用零息债券复制附息债券

零息债券是应用一价定律为所有附息国债定价的基石。在美国，零息债券有个活跃的交易市场，可以很方便地获得其竞争性的交易价格信息。

表 49.2 为某日美国国债市场的零息债券市场单价。

表 49.2　　　　　　　　　　　　零息债券市场单价

期限	债券面值/美元	市场价格/美元
1 年期	1	0.95
2 年期	1	0.85
3 年期	1	0.80

根据表 49.2，由一价定律可以得出从当日开始计息的面值为 100 美元、票息率为 5%、按年付息的 3 年期附息国债价格应为 93 美元（5×0.95+5×0.85+105×0.8）。当市场对该附息国债的报价不等于 93 美元时，就出现了套利机会。

二、用附息债券复制附息债券

假设现在有 3 个债券信用质量相同的债券。债券 A 为 0.5 年期，票息率为 1%，半年付息一次。债券 B 为 1 年期，票息率为 2%，半年付息一次。债券 C 为 1 年期，票息率为 3%，半年付息一次。投资者可以通过债券 A 和债券 B 复制债券 C。表 49.3 列出了 3 个债券的现金流量和市场价格。

表 49.3　　　　　　　　　3 个不同债券的现金流和价格

债券	价格/美元	0.5 年期现金流/美元	1 年期现金流/美元
A	99.505	100.5	0
B	100.000	1	101
C	100.985	1.5	101.5

由表 49.3 可知，这些债券分别在 0.5 年和 1 年两个时期内有现金流量。零息债券 C 的现金流量可以通过持有 N_1 份附息债券 A 和 N_2 份附息债券 B 复制出来，满足关系式：

$$100.5 \times N_1 + 1 \times N_2 = 1.5$$
$$101 \times N_2 = 101.5$$

可以求出：$N_1 = 0.004926$，$N_2 = 1.00495$。

因此，投资者可以通过购买 0.004926 份附息债券 A 和购买 1.00495 份附息债券 B 的方法复制 1 份零息债券 C。

如果债券 C 与债券 A 和 B 的组合价格不相等，那么投资者就可以通过做多价格低的债券，做空价格高的债券，获得套利收益。

例题 49.2

假设年付息的国债市场价格如表 49.4 所示，根据表中三种债券的定价，市场是否存在套利机会？如果存在，如何构造套利组合？

表 49.4　　　　　　　　　　　国债市场价格

债券	当前市场价格/美元	1 年期现金流/美元	2 年期现金流/美元
A	97.087	100	0
B	87.344	0	100
C	100	7	107

名师解析

用零息债券 A 和 B 复制附息债券 C，债券 C 由 0.07 份债券 A 和 1.07 份债券 B 合成，则债券 C 的价格为：97.087×0.07+87.344×1.07＝100.2542（美元），所以相对于债券 A 和债券 B，债券 C 被市场低估，应该买进债券 C 并卖出债券 A 和债券 B。套利组合构造如下：买进 1 份债券 C，卖出 0.07 份债券 A 和 1.07 份债券 B。组合的成本为：100-(97.087×0.07+87.344×1.07)＝-0.2542（美元），由于将来现金流刚好为零，所以 0.2542 美元为净盈利。

备考小贴士

本节内容偏重定量考查。考生需要掌握对债券的复制以及伴随的套利方式。

第五十章

利 率

知识引导

利率反映资金价格，同时也是衍生品估值的关键因素。本章将主要介绍金融市场上利率的表现形式、理论上的"无风险"利率、利率的度量方式以及利率相关理论。同时，债券作为利率市场的主要金融产品，在整个金融市场中，也承担着基础性和奠基性的功能。债券的定价以及风险度量也是本章的重点内容。此外，本章内容是后续章节学习的重要基础，考生需要完全理解本章后再继续向前学习。

考点聚焦

学习本章内容后，考生应能够计算不同的复利周期下投资的价值；进行不同复利周期下的利率转换；描述即期利率、远期利率和平价利率，并能够在它们之间进行互相转换；描述市场中常见的其他利率；比较不同的利率期限结构理论。

本章框架图

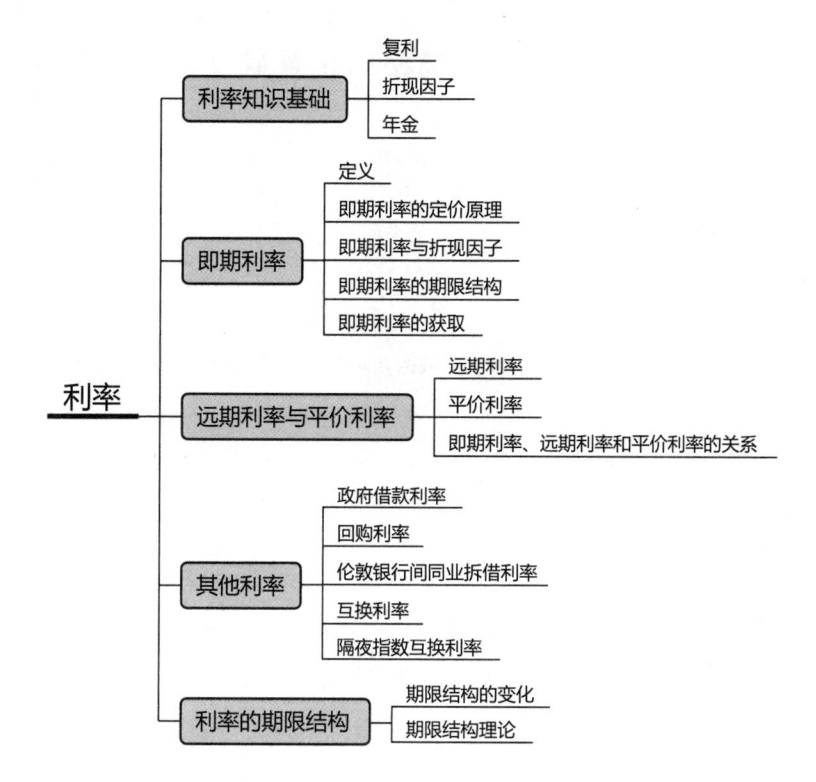

```
利率
├── 利率知识基础
│   ├── 复利
│   ├── 折现因子
│   └── 年金
├── 即期利率
│   ├── 定义
│   ├── 即期利率的定价原理
│   ├── 即期利率与折现因子
│   ├── 即期利率的期限结构
│   └── 即期利率的获取
├── 远期利率与平价利率
│   ├── 远期利率
│   ├── 平价利率
│   └── 即期利率、远期利率和平价利率的关系
├── 其他利率
│   ├── 政府借款利率
│   ├── 回购利率
│   ├── 伦敦银行间同业拆借利率
│   ├── 互换利率
│   └── 隔夜指数互换利率
└── 利率的期限结构
    ├── 期限结构的变化
    └── 期限结构理论
```

第一节 利率知识基础

一、复利

> 计算（calculate）和理解（interpret）不同的复利频率对债券价值的影响（★★）
> 在不同的复利频率下计算（calculate）投资价值（★★）

1. 复利频率

在进行资金借贷时，资金计息的方式通常按照复利（compounding interest）计息。复利情形下，每经过一个计息周期，必须将上一期生成的利息加入本金后再计利息，也就是俗称的"利滚利"。这里所说的计息周期指相邻两次支付利息的时间间隔，可以是日、月、季、年，如表50.1所示。不同的计息周期，对应不同的复利频率（compounding frequency）。

表 50.1　　计息周期与付息频率的关系

计息周期	复利方式	一年的复利频率/次
年	按年（annual）复利	1
半年	按半年（semi-annual）复利	2
季度	按季度（quarterly）复利	4
月	按月（monthly）复利	12
周	按周（weekly）复利	52
日	按日（daily）复利	365

在欧美国家，超过1年期的债券通常半年付息一次，所以对这些债券计算利息时，通常有半年复利一次的假设。此外，"付息频率"和"复利频率"是两个非常相近的概念，付息频率指的是债券发行人每年支付票息的频率，而复利频率则与计算本息的过程有关，和计息周期相对应。而绝大部分情况下，付息频率和复利频率是一致的，如某债券半年支付一次票息，并且在计算本息时也按照半年复利一次的

方法。但在某些债券市场中，可能出现付息频率和复利频率不一致的现象，这会使情况变得更加复杂一些。不过此点不在 FRM®考试的考查范围内，考生了解即可。

例题 50.1

投资者将 1 000 元存入银行，年化报价利率为 10%，分别计算一年复利一次、半年复利一次、一个季度复利一次的情形下投资者 1 年后收到的本息总额。

名师解析

一年复利一次，则 1 年后 1 000 元本金变为：

$$1\ 000 \times 1.1 = 1\ 100\ (元)$$

每半年复利一次，年化报价利率为 10%，每半年付息 10%/2=5%，则 1 年后本息合计为：

$$1\ 000 \times 1.05 \times 1.05 = 1\ 102.5\ (元)$$

如果按季度复利，每季度付息 10%/4=2.5%，则 1 年后本息合计为：

$$1\ 000 \times 1.025^4 = 1\ 103.8\ (元)$$

从本例中可以看出，在相同的年化报价利率下，计息频率越高，最终本息合计值也越高。

将以上的计算一般化，假设期初本金为 A，投资 T 年，年利率为 R。如式（50.1）所示，如果一年复利 m 次，则期末的投资总价值为：

$$A\left(1+\frac{R}{m}\right)^{Tm} \tag{50.1}$$

当 $m \to +\infty$ 时，我们称之为连续复利（continuously compounding），式（50.1）变为：

$$Ae^{RT} \tag{50.2}$$

例题 50.2

投资者将 1 000 元存入银行，年化报价利率为 10%，分别计算半年复利一次、连续复利的情形下投资者 2 年后收到的本息总额。

名师解析

半年复利一次，2年后的本息和为：

$$1\,000 \times \left(1 + \frac{10\%}{2}\right)^{2 \times 2} = 1\,215.506\,(元)$$

连续复利下，2年后的本息和为：

$$1\,000 \times e^{10\% \times 2} = 1\,221.403\,(元)$$

2. 等价利率

从上面的讨论我们可以看出，年化利率只是一种标价方式，实际的收益还需要通过复利频次才能够确定。有的时候我们需要解决在不同复利频次下的利率换算问题，即计算等价利率（equivalent rate）。若年化利率 R_1 的复利频次为每年 m_1 次，那么与它等价的复利频次为每年 m_2 次的年化利率 R_2 和 R_1 的关系可以表示为：

$$\left(1 + \frac{R_1}{m_1}\right)^{m_1} = \left(1 + \frac{R_2}{m_2}\right)^{m_2} \tag{50.3}$$

如果 R_m 是一年复利 m 次的年化利率，R_c 是与它等价的连续复利下的年利率，那么它们之间的关系可以表示为：

$$e^{R_c} = \left(1 + \frac{R_m}{m}\right)^m \tag{50.4}$$

例题 50.3

现有半年复利一次的年化利率为 10%，请计算季度复利以及连续复利下的等价利率。

名师解析

季度复利下的等价利率：

$$\left(1 + \frac{R_q}{4}\right)^4 = \left(1 + \frac{10\%}{2}\right)^2$$

季度复利下的等价利率 $R_q = 9.878\%$

连续复利下的等价利率：

$$e^{R_c} = \left(1 + \frac{10\%}{2}\right)^2$$

连续复利下的等价利率 $R_c = 9.758\%$

二、折现因子

> 定义（define）折现因子，并使用（use）折现因子计算（calculate）未来终值的现值（★★★）

折现因子（discount factor）的定义为：在期末收到的一单位货币（USD 1），在当前的现值。例如，折现因子 $d(1.5) = 0.9825$ 的含义为在 1.5 年（18 个月）后收到的 USD 1，在当前的现值为 USD 0.9825。由于货币时间价值的原因，随着括号里的时间增加，折现因子的数值将会递减。可用折现因子求出各种未来现金流的现值，例如，1.5 年后有一笔金额为 USD 1 000 的现金，它在当前的现值为 $1\,000 \times d(1.5) =$ USD 982.5。

如果需要求出一笔 n 年后的现金流 A 的现值，我们可以通过折现率，采用 $\dfrac{A}{(1+r)^n}$ 这种"除"的方式进行折现；也可以通过折现因子，采用 $A \times d(n)$ 这种"乘"的方式进行折现。

折现因子可以通过债券价格求出，我们用几个例子说明。

例题 50.4

现有一支期限为 6 个月的零息短期国债，面值为 100 万美元，当前的价格为 996 126.20 美元，请求出 $d(0.5)$。

名师解析

$$1\,000\,000 \times d(0.5) = 996\,126.20$$
$$d(0.5) = 0.9961262$$

例题 50.5

现有一支期限为 6 个月的附息国债，票息率为 4%，面值为 100 美元，当前的价格为 98.5 美元，请求出 $d(0.5)$。

名师解析

$$\left(100 + 100 \times \frac{4\%}{2}\right) \times d(0.5) = 98.5$$

$$d(0.5) = 0.965686275$$

我们不仅可以利用债券的市场价格求出 $d(0.5)$，也可以利用期限更长的债券求出期限更长的折现因子。

例题 50.6

承接例题 50.4，假设已知 $d(0.5) = 0.965686275$。现有 1 年期的附息国债，半年付息一次，票息率为 3%，面值为 100 美元，当前的价格为 99 美元，请求出 $d(1)$。

名师解析

$$1.5 \times 0.965686275 + 101.5 \times d(1) = 99$$
$$d(1) = 0.961098232$$

三、年金

计算（calculate）普通年金和永续年金的价格（★★）

年金（annuity）指的是每期都出现且金额相等的一系列现金流。例如，如果每年年末都出现一笔金额为 10 元的现金流入，持续 3 年，我们就可以把这一系列的现金流定义为 3 年期、每期金额为 10 元的年金。不难看出，年金的本质就是一组有规律的现金流，定义这个概念的初衷之一，是为了简化现金流的表示。

年金也涉及现值和终值的计算。关于年金终值的计算，下面用一道例题来说明。

例题 50.7

假如投资者连续 4 年，于每年年初在某银行存入 1 000 美元。银行支付的年化利率为 5%，按年度复利方式计算收益。请问投资者在第 4 年年末的本息和（同时也是年金的终值）是多少？

名师解析

本题有两种求解方法。

第一种方法是通过列式求解，4 笔现金流的终值为：

$1\,000 \times (1 + 5\%)^4 + 1\,000 \times (1 + 5\%)^3 + 1\,000 \times (1 + 5\%)^2 + 1\,000 \times (1 + 5\%)^1 =$ $4\,525.63$(美元)

第二种方法是借助金融计算器，使用货币时间价值组合功能进行计算。但在计算时，我们需要注意，由于每期现金流都出现在期初，而计算器默认现金流均出现在期末，所以我们需要调用 BGN（beginning）模式。德州仪器计算器逐次输入以下按键，可调用 BGN 模式：

[2ND] [PMT] [2ND] [ENTER] → BGN 模式

接下来即可通过货币时间价值功能求出终值：

N = 4，I/Y = 5.09453，PV = 0，PMT = 1 000

→CPT FV = -4 525.63

类似于折现因子，年金现值也可以通过年金金额乘以年金因子（annuity factor）来计算。所谓年金因子，就是折现因子的相加。在半年付息的情况下，期限为 T 年的年金因子定义为：

$$A(T) = \sum_{t=1}^{2T} d\left(\frac{t}{2}\right) \quad (50.5)$$

例如，现有一组现金流，每半年支付 10 元，为期 2 年。这 4 笔现金流的现值可用折现因子进行计算，即：

$$10 \times d(0.5) + 10 \times d(1) + 10 \times d(1.5) + 10 \times d(2)$$

我们也可以定义 2 年期、半年付息的年金因子为：

$$A(2) = d(0.5) + d(1) + d(1.5) + d(2)$$

这样，年金的现值也可以用 $10 \times A(2)$ 来进行计算。

永续年金（perpetuity）是指无限期支付年金，支付年金的时间点是每期期末。若 y 代表期间折现率，C 代表每期现金的金额，那么永续年金的现值为：

$$永续年金现值 = \frac{C}{y} \quad (50.6)$$

> **备考小贴士**
>
> 本节内容偏重定量考查。对付息频次的熟练转换和折现因子的理解是后续估值的重要基础，此处也有可能单独考查。

第二节　即期利率

定义（define）即期利率和通过即期利率计算（calculate）折现因子（★★★）
使用即期利率计算（calculate）债券的理论价值（★★★）
使用倒脱靴法计算（calculate）零票息率（★★★）

一、定义

即期利率（spot rate）是零息债券的收益率，又被称为零票息利率（zero-coupon interest rate）、零利率（zero rate）。由于零息债券的现金流非常"干净"，只发生在到期日，因此零息债券的收益率可以很好地反映未来某一特定时点的现金流收益状况。

例题 50.8

现有一支零息债券，面值为 USD 100，期限为 2 年，当前的市场价格为 USD 95。请以此债券价格信息为基础，分别计算按年复利（annual compounding），以及按半年复利（semi-annual compounding）下的 2 年期的即期利率。

名师解析

在按年复利的情况下，若 z 代表 2 年期的即期利率，则有：

$$95 \times (1+z)^2 = 100$$

$$z = 2.598\%$$

如果在按半年复利的情况下，则有：

$$95 \times \left(1+\frac{z}{2}\right)^4 = 100$$

$$z = 2.581\%$$

二、即期利率的定价原理

在前面的内容中已经介绍过,即期利率就是零息债券的收益率,可以反映未来某个时间节点的现金流的收益状况。而即期利率也可以用于债券的定价过程,作为折现率进行使用,其中的原理是以无套利理论(no arbitrage argument)作为支撑的一价定律(law of one price)。

简单来说,一价定律指的是相同的两个资产价值必须相等,否则就会存在套利的机会。在债券的语境中,在其他条件相等的情况下,如果两个债券具有相同的现金流,那么这两个债券的价格就必须相等。如图 50.1 所示,现有 2 年期的附息国债,第一年年末的现金流为 10,第二年年末的现金流为 110。对于这个附息国债,如果我们需要对它进行定价,可以在市场中找到 3 个剥离债券(其本质也是零息债券)构成一个债券组合,使它们的现金流完全相同。这样,该附息债的价格必须等于这个债券组合的价格。求出债券组合的价格,也就是求出目标债券的价格。

若在按年复利的情况下,Z_n 代表 n 期的即期利率,C 代表票息,FV 代表到期日的现金流,债券组合的价格(同时也是目标债券的价格)P 满足:

$$P = \sum_{t=1}^{n} \frac{C}{(1+Z_t)^t} + \frac{FV}{(1+Z_n)^n} \tag{50.7}$$

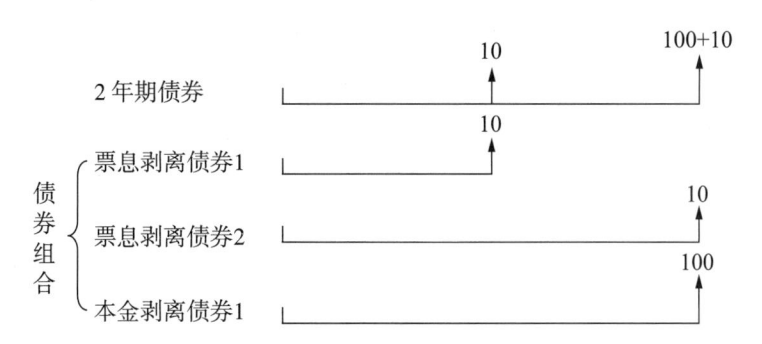

图 50.1 现金流复制示意图

使用即期利率对债券定价时,先找到与现金流期限对应的即期利率,再分别折现加总即可。

例题 50.9

现有 1.5 年期的附息债，面值为 USD 100，票息率为 3.5%，半年付息一次。已知不同期限的即期利率如表 50.2 所示，请求出该债券的价格。

表 50.2　　　　　　　　　　即期利率表

期限/年	即期利率
0.5	2.20%
1.0	2.25%
1.5	2.30%
2.0	2.35%

名师解析

和其他利率一样，即期利率是年化后进行表示的，所以在复利周期为半年的情况下，债券的价格为：

$$\frac{1.75}{\left(1+\frac{2.20\%}{2}\right)} + \frac{1.75}{\left(1+\frac{2.25\%}{2}\right)^2} + \frac{101.75}{\left(1+\frac{2.30\%}{2}\right)^3} = \text{USD } 101.7611$$

三、即期利率与折现因子

和折现因子的作用一样，即期利率可用于求出未来现金的现值，并且两种方法本质上是一致的。例如，在半年复利的假设下，若 0.5 年期的折现因子 $d(0.5) = 0.992063$，那么半期的即期利率 $z(0.5)$ 满足 $\frac{1}{1+\frac{z(0.5)}{2}} = 0.992063$。未来 0.5 年的任意现金流，既可以通过折现因子，以"乘"的方式折现，也可以通过即期利率，以"除"的方式折现。所有期限的利率都会以年化方式表达，因此计算半年的期间利率时，需要用 $z(0.5)$ 除以 2。

例题 50.10

现有 1 年期的剥离债券，面值 USD 100，当前市场价格为 USD 97.9326。另有 1 年期的折现因子 $d(1) = 0.979326$。在半年复利的条件下，请分别使用剥离债券价格和折现因子计算 1 年期的即期利率。

名师解析

剥离债券的本质是零息债券。因此有：

$$\frac{100}{\left[1+\frac{z(1)}{2}\right]^2}=97.9326$$

$$z(1)=2.1\%$$

若 $d(1)=0.979326$，则有：

$$\frac{1}{\left[1+\frac{z(1)}{2}\right]^2}=0.979326$$

$$z(1)=2.1\%$$

四、即期利率的期限结构

利率的期限结构是利率的大小和期限之间的关系表示。如果用折现图的方式表示就是一幅横坐标是期限、纵坐标是利率的图像。如果利率为即期利率，则称为即期利率的期限结构。例如，表 50.3 和图 50.2 分别是表格化和图形化的即期利率期限结构。

表 50.3　　　　　　　　　即期利率期限结构示意表

期限/年	即期利率
0.5	1.60%
1	2.10%
1.5	2.45%
2	2.75%
2.5	3.00%
3	3.20%

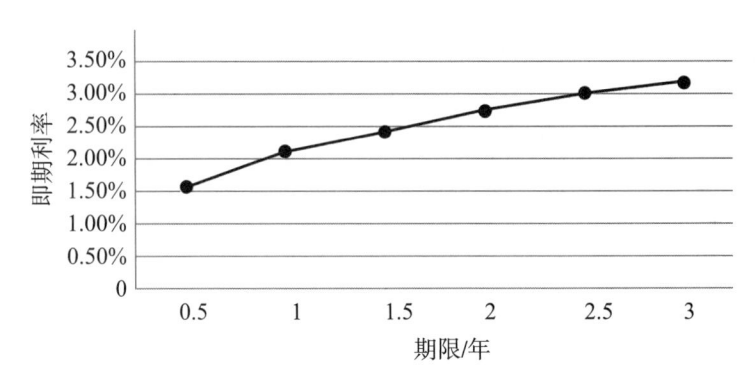

图 50.2　即期利率期限结构示意图

五、即期利率的获取

即期利率的大小，可以通过直接法（direct way）和自举法（bootstrap）进行计算。

1. 直接法

直接法是通过 1 年期以内的货币市场工具的市场价格信息计算即期利率的方式。例如，若面值为 USD 100 的短期零息债券，期限为 6 个月，当前的市场价是 USD 98，那么半年期的即期利率便可以通过 $98 \times \left[1 + \dfrac{z(0.5)}{2}\right] = $ USD 100 进行计算。

2. 自举法

自举法是通过 1 年期以上的债券市场信息，求出即期利率的方法。

倒脱靴法是通过对应期限的债券，从短期即期利率向长期即期利率逐步计算的过程。下面通过一道例题来说明。

例题 50.11

请根据表 50.4 所示的信息，使用自举法，分别计算 6 个月、1 年期、1.5 年期、2 年期的即期利率。

表 50.4　　　　　　　　　利率市场信息表

期限/年	债券面值/USD	票息率（半年付息一次）	债券价格/USD
0.5	100	0	98.5
1	100	0	95.9
1.5	100	4%	98
2	100	6%	100.6

名师解析

在计算即期利率时，先计算期限较短的即期利率，并基于短期的即期利率，逐步计算长期的即期利率。

$$z_{0.5}: \frac{100}{\left(1+\dfrac{z_{0.5}}{2}\right)} = 98.5 \rightarrow z_{0.5} = 3.05\%$$

$$z_1: \frac{100}{\left(1+\dfrac{z_1}{2}\right)^2} = 95.9 \rightarrow z_1 = 4.23\%$$

$$z_{1.5}: \frac{2}{\left(1+\dfrac{3.05\%}{2}\right)} + \frac{2}{\left(1+\dfrac{4.23\%}{2}\right)^2} + \frac{102}{\left(1+\dfrac{z_{1.5}}{2}\right)^3} = 98 \rightarrow z_{1.5} = 5.44\%$$

$$z_2: \frac{3}{\left(1+\dfrac{3.05\%}{2}\right)} + \frac{3}{\left(1+\dfrac{4.23\%}{2}\right)^2} + \frac{3}{\left(1+\dfrac{5.44\%}{2}\right)^3} + \frac{103}{\left(1+\dfrac{z_2}{2}\right)^4} = 100.6$$

$$\rightarrow z_2 = 5.73\%$$

备考小贴士

本节内容偏重定量考查。考生需要熟练掌握即期利率和折现因子之间的相互转换和用自举法求即期利率的方法，两处均为重要知识点。

第三节 远期利率与平价利率

一、远期利率

> 理解（interpret）远期利率并使用即期利率计算（calculate）远期利率（★★★）
> 使用一组即期利率计算得到（derive）远期利率（★★★）
> 评价（assess）期限对于债券价格以及收益率的影响（★）

1. 定义

远期利率（forward rate）是一种现在就确定的，反映未来一段时间资金收益的利率。如图50.3所示，Z_n代表即期利率，f_n代表远期利率。即期利率均开始于现在，结束于未来。而远期利率均开始于未来，结束于未来。因此，如果说即期利率是"站在现在看未来"的利率，那么远期利率就是"站在未来看更远未来"的利率。

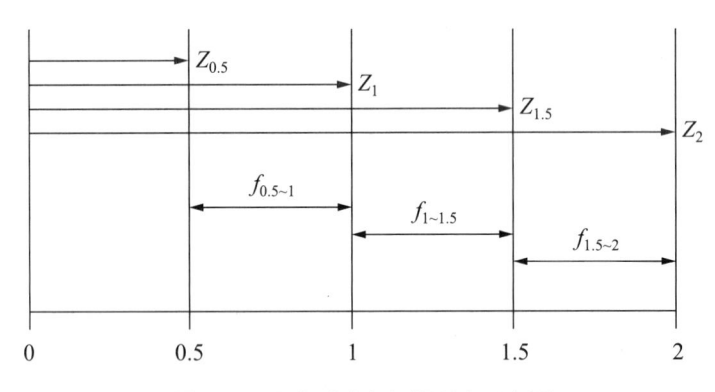

图 50.3 即期利率与远期利率示意图

2. 隐含的远期利率

一般地，在已知即期利率的基础上，我们可求得未来一段时间内的远期利率。这种远期利率称为隐含的远期利率（implied forward rates）。

例题 50.12

若 1 年期的即期利率（z_1）是 3%，2 年期的即期利率（z_2）是 4%，请分别计算在按年复利、半年复利和连续复利的情况下，第 1 年年末到第 2 年年末的隐含远期利率 F。

名师解析

在按年复利的情况下：

$$(1+3\%) \times (1+F) = (1+4\%)^2 \rightarrow F = 5.0097\%$$

在按半年复利的情况下：

$$\left(1+\frac{3\%}{2}\right)^2 \times \left(1+\frac{F}{2}\right)^2 = \left(1+\frac{4\%}{2}\right)^4 \rightarrow F = 5.0049\%$$

在连续复利的情况下：

$$e^{3\% \times 1} \times e^{F \times 1} = e^{4\% \times 2} \rightarrow F = 5\%$$

在连续复利的情况下，我们可以把计算隐含远期利率的过程公式化。假设期初时投资本金为 A，0 到 T_1 时点的即期利率为 R_1，0 到 T_2 时点的即期利率为 R_2，$T_2 > T_1$。F 为在 0 时点就确定的 T_1 到 T_2 期间的远期利率，如图 50.4 所示。

在连续复利的情况下，即期利率和远期利率之间满足：

$$e^{R_1 T_1} \times e^{F(T_2 - T_1)} = e^{R_2 T_2}$$

则：

$$F = \frac{R_2 T_2 - R_1 T_1}{T_2 - T_1} \tag{50.8}$$

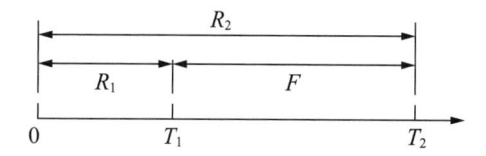

图 50.4 远期利率示意图

3. 交易策略

远期利率是一种站在现在看未来一段时间收益的期望的利率。而随着时间的推移，真正来到未来时点，这段时期的即期利率不一定等于过去确定的远期利率。如果投资者有信心预见其中的利率差距，就可以通过一定交易策略进行获利。例如，假设当前的2年期的即期利率是3%，3年期的即期利率是4%，在连续复利的情况下，根据式（50.8）我们能够求出第2年年末到第3年年末的远期利率是6%。

（1）如果投资者认为第2年年末到第3年年末的实际即期利率小于6%，他就可以采用"短融长投"的方式获利。首先，在0时点，投资者以2年期的即期利率3%融资2年，以3年期的即期利率4%投资3年。第2年年末，再以小于6%的即期利率（比如5%）融资1年。这样整个投资期的年投资收益为4%，年融资成本率为 $\sqrt[3]{(1+3\%)^2(1+5\%)} - 1 = 3.66\%$，利润为：$4\% - 3.66\% = 0.34\%$。

（2）如果投资者认为第2年年末到第3年年末的实际即期利率大于6%，他就可以采用"长融短投"的方式获利。首先，在0时点，投资者以2年期的即期利率3%投资2年，以3年期的即期利率4%融资3年。第2年年末，再以大于6%的即期利率（比如7%）投资1年。这样整个投资期的年投资收益为 $\sqrt[3]{(1+3\%)^2(1+7\%)} - 1 = 4.32\%$，年融资成本率为4%，利润为：$4.32\% - 4\% = 0.32\%$。

4. 使用远期利率对债券定价

和其他利率一样，远期利率也能反映资金的收益状况，因此也可以用于对债券进行定价。我们用一个例题说明。

例题 50.13

某债券分析师想要对一个1.5年期的债券进行定价。该债券票息率为3%，面值为100，半年付息一次。请使用表50.5中的远期利率，求出债券价格。

表50.5　　　　远期利率

时期/年	0.5年期的远期利率
0~0.5	2.50%
0.5~1	3.50%
1~1.5	3.78%

名师解析

债券的价格为：

$$\frac{1.5}{\left(1+\frac{2.5\%}{2}\right)} + \frac{1.5}{\left(1+\frac{2.5\%}{2}\right) \times \left(1+\frac{3.5\%}{2}\right)}$$

$$+ \frac{101.5}{\left(1+\frac{2.5\%}{2}\right) \times \left(1+\frac{3.5\%}{2}\right) \times \left(1+\frac{3.78\%}{2}\right)}$$

$$= 99.6327$$

注意：根据定义，0.5年期的即期利率和0~0.5年的远期利率相等。从上述折现过程我们能够发现，使用远期利率对现金流折现的特点是"一期一期往前折"。

5. 期限效应

期限效应（maturity effects）指的是随着到期日临近，远期利率未来的走势会影响债券的价格。我们用一个例子来说明。假设利率的期限结构在1年内不变（如当前的1年期的即期利率，和站在1年后的即期利率保持不变）。某到期时间为 T 的债券，面值为100，票息率为 $C\%$，按年付息。定义 Z_n（$n=1, 2, \cdots, T$）为即期利率，最后一期（第 $T-1$ 年年末到第 T 年年末）的远期利率为 f_T。为了方便比较债券在当前以及在1年后的价值，分别列出债券的现金流并计算出这些现金流的折现价值差异。其中，对于站在当前视角的 T 时点的现金流，先将其通过远期利率折现至 $T-1$ 时点，再通过即期利率折现，过程如表50.6所示。

表50.6　　　　　　　　　某债券现金流及折现价值差异

时点/年	1	2	⋯	$T-1$	T
当前现金流	C	C	⋯	C	$C+100$
1年后的现金流	C	C	⋯	$C+100$	
折现值差异	$\frac{C}{1+Z_1} - \frac{C}{1+Z_1} = 0$	$\frac{C}{(1+Z_2)^2} - \frac{C}{(1+Z_2)^2} = 0$	⋯	$\frac{-100}{(1+Z_{T-1})^{T-1}}$	$\frac{\frac{C+100}{1+f_T}}{(1+Z_{T-1})^{T-1}}$

不难发现，最终总的价值差异主要由 $\frac{C+100}{1+f_T}$ 和100的大小关系决定。借助债券的性质，当折现率（f_T）大于票息率（$C\%$）时，$\frac{C+100}{1+f_T} < 100$。而当折现率（$f_T$）小于票息率（$C\%$）时，$\frac{C+100}{1+f_T} > 100$。因此：

（1）当最后一期的远期利率 f_T 大于票息率时，债券当前价值小于1年后的价值，债券随着到期日临近价值升高。

（2）当最后一期的远期利率 f_T 小于票息率时，债券当前价值大于 1 年后的价值，债券随着到期日临近价值降低。

如果远期利率的期限结构呈上升型，最后一期远期利率更有可能大于票息率，所以随着时间的推移（距离到期时间越近）债券未来的价格更有可能会上升；如果远期利率的期限结构呈下降型，最后一期远期利率更有可能小于票息率，所以债券未来的价格更有可能会下降。

二、平价利率

定义（define）平价利率以及描述（describe）债券平价利率的计算公式（★★）

债券的平价利率（par rates，又称 par yield）是当债券平价发行时的票息率。

在市场利率环境给定的情况下，发行人支付的票息率高，债券的发行价格将会提高；发行人支付的票息率低，债券的发行价格将会降低。恰好会存在一个票息率，能够使债券平价发行，这个特殊的票息率被称为平价利率。

在半年付息的情况下，如果债券发行时间为 T 年，$d(n)$ 代表第 n 年的折现因子，p 代表平价利率，par 代表债券的面值，则有：

$$par \times \frac{p}{2} \sum_{t=1}^{2T} d\left(\frac{t}{2}\right) + par \times d(T) = par$$

在等式两边同时除以 par，则有：

$$\frac{p}{2} \sum_{t=1}^{2T} d\left(\frac{t}{2}\right) + d(T) = 1 \tag{50.9}$$

由于折现因子相加为年金因子 $A(T)$，因此该式也可写为：

$$\frac{p}{2} A(T) + d(T) = 1 \tag{50.10}$$

例题 50.14

假设某债券为 1.5 年期，半年付息一次，面值为 USD 100。不同期限的折现因子如表 50.7 所示。请计算 1.5 年期的平价利率。

表 50.7　　　　　　　　某债券不同期限的折现因子

期限/年	折现因子
0.5	0.992063
1	0.979326
1.5	0.964132

名师解析

$$\frac{\text{平价利率} \times 100}{2} \times [d(0.5) + d(1) + d(1.5)] + d(1.5) \times 100 = 100$$

$$\text{平价利率} = 2.44\%$$

三、即期利率、远期利率和平价利率的关系

理解（interpret）　即期利率、远期利率和平价利率之间的关系（★★）

即期利率、远期利率和平价利率均反映了不同维度下的市场利率情况，它们之间可以进行相互换算。下面通过一道例题来展示。

例题 50.15

已知不同期限的折现因子、即期利率、远期利率和平价利率如表 50.8 所示（其中，0.5 年期的远期利率的期间为 0～0.5 年，1 年期的远期利率期间为 0.5～1 年，以此类推），请分别通过折现因子、远期利率和平价利率计算 1.5 年期的即期利率。

表 50.8　不同期限的折现因子、即期利率、远期利率和平价利率

期限/年	折现因子	即期利率	远期利率	平价利率
0.5	0.992063	1.60%	1.6000%	1.60%
1	0.979326	2.10%	2.6012%	2.10%
1.5	0.964132	?	3.1518%	2.44%

名师解析

使用 1.5 年期折现因子：

$$d(1.5) = \frac{1}{\left(1 + \dfrac{Z_{1.5}}{2}\right)^3} \to 0.964132 = \frac{1}{\left(1 + \dfrac{Z_{1.5}}{2}\right)^3}$$

$$Z_{1.5} = 2.45\%$$

使用 0.5 年期、1 年期、1.5 年期远期利率:

$$\left(1 + \frac{Z_{1.5}}{2}\right)^3 = \left(1 + \frac{f_{0\sim 0.5}}{2}\right)\left(1 + \frac{f_{0.5\sim 1}}{2}\right)\left(1 + \frac{f_{1\sim 1.5}}{2}\right)$$

$$= \left(1 + \frac{1.6000\%}{2}\right)\left(1 + \frac{2.6012\%}{2}\right)\left(1 + \frac{3.1518\%}{2}\right)$$

$$Z_{1.5} = 2.45\%$$

使用 1.5 年期平价利率和 0.5 年期、1 年期即期利率:

$$100 = \frac{2.44/2}{\left(1 + \dfrac{1.60\%}{2}\right)} + \frac{2.44/2}{\left(1 + \dfrac{2.10\%}{2}\right)^2} + \frac{100 + 2.44/2}{\left(1 + \dfrac{Z_{1.5}}{2}\right)^3}$$

$$Z_{1.5} = 2.45\%$$

我们也可以尝试进一步、更深入地探讨他们之间的关系。首先,即期利率是远期利率的几何平均。在按年复利的情况下,定义 2 年期的即期利率为 Z_2,0~1 年的远期利率为 $f_{0\sim 1}$,1~2 年的远期利率为 $f_{1\sim 2}$,由于有:

$$(1 + f_{0\sim 1})(1 + f_{1\sim 2}) = (1 + Z_2)^2$$

不难看出 Z_2 是 $f_{0\sim 1}$ 和 $f_{1\sim 2}$ 的几何平均:

$$Z_2 = \sqrt{(1 + f_{0\sim 1})(1 + f_{1\sim 2})} - 1$$

其次,平价利率是对即期利率某种方式的平均。

例如,以两年期债券为基础,在按年复利的情况下,平价利率(p)与即期利率(Z)之间满足:

$$\frac{par \times p}{1 + Z_1} + \frac{par + par \times p}{(1 + Z_2)^2} = par$$

根据债券的性质,票息率等于折现率时,债券将会平价发行。现在有多个折现率(即期利率),我们可以认为存在一个以某种方式对这些即期利率取平均后得到的"平均利率",而票息率等于该"平均利率"时,债券方能平价发行。此时票息率被定义为平价利率。

从利率的期限结构中,我们能更直接地看出即期利率、远期利率和平价利率之间的关系。

如图 50.5 所示,当整体期限结构是上坡型时,由于前述的平均关系,即期利率曲线在远期利率曲线下方,而平价利率曲线在即期利率曲线下方。

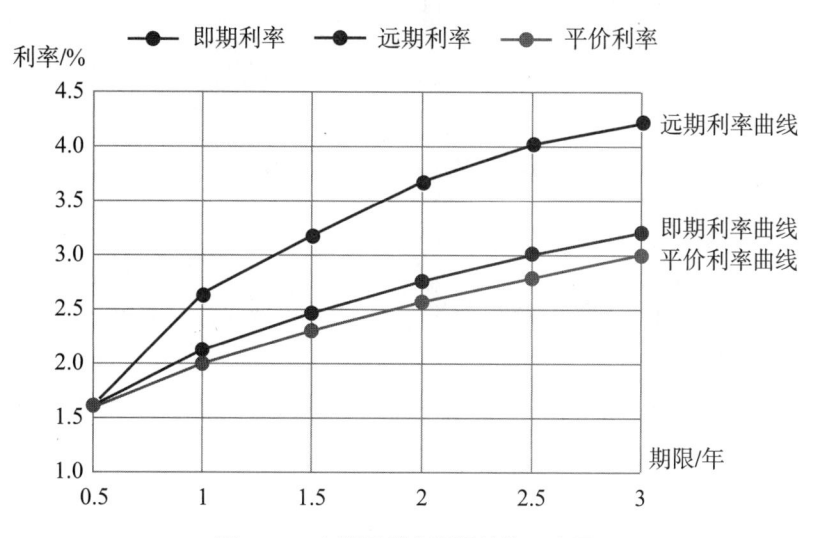

图 50.5　上坡型利率期限结构示意图

如图 50.6 所示,当整体期限结构是下坡型时,即期利率曲线在远期利率曲线上方,而平价利率曲线在即期利率曲线上方。

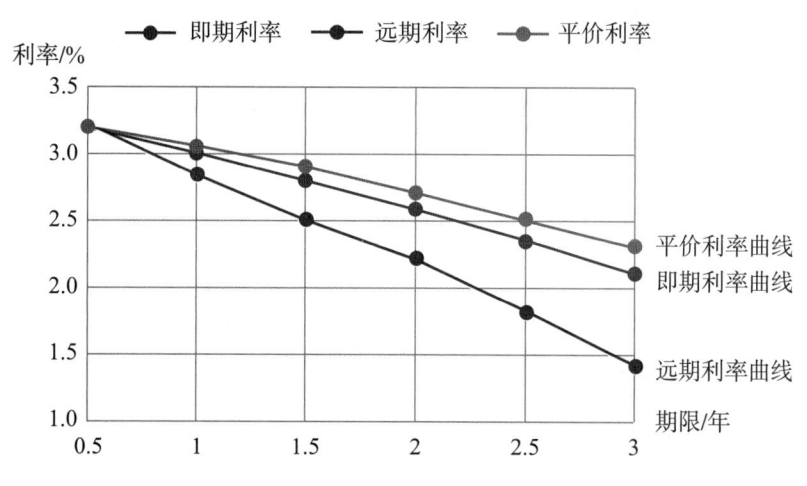

图 50.6　下坡型利率期限结构示意图

> **备考小贴士**
>
> 本节内容偏重定性与定量相结合的考查。考生需能够熟练地掌握用即期利率求解远期利率；掌握平价利率的计算；阐述三条利率曲线之间的关系。

第四节 其他利率

描述（describe）国债利率、Libor、SOFR 和回购利率，并解释（explain）无风险利率的含义（★）

描述（describe）互换交易，解释（explain）如何通过互换市场定义平价利率（★）

一、政府借款利率

政府借款利率（government borrowing rates）指的是政府以本币标价对外借款所支付的利率。发达国家的政府借款利率（比如美国的国债利率，treasury rate）被认为是没有风险的，此类无风险利率将为金融产品定价提供参考。

二、回购利率

回购利率（repo rate）是有担保的借款利率。在回购（或回购协议）中，一方在出售证券的同时签订一份协议，约定在未来特定的时间以特定的价格购回该证券。回购交易可以看作一笔质押贷款，回购方获得的价款被看作是收到的贷款，其支付的利息是证券出售价格与回购价格之间的差额，而该差额除以初始出售价格后的年化值被称为回购利率。

如果谨慎构建交易，回购涉及的信用风险很低。如果资金借入方不遵守协议，资金贷出方将保留证券。如果资金贷出方不遵守协议，证券的原始拥有者将保留资金贷出方提供的现金。由于有担保，风险较小，回购利率通常不高且比较稳定。

三、伦敦银行间同业拆借利率

伦敦银行间同业拆借利率（London interbank offered rate，Libor）是银行间无担保的短期信用借贷利率。该利率在每个交易日公布，拆借标的可为 10 种不同的货币之一，期限可为 1 天到 1 年不等的 15 个期限之一。Libor 被用作全球数百万亿美元交易的参考利率。例如，利率互换就是一种以 Libor 作为参考利率的衍生品交易。

Libor 由英国银行家协会（BBA）于上午 11：30（英国时间）公布。BBA 要求许多不同的银行提供报价，估计它们在上午 11：00（英国时间）之前借款的利率。每种货币/借款期限组合报价的前四分之一和后四分之一都被丢弃，其余的平均值将被确定为一天的 Libor 固定值。通常情况下，提交报价的银行有 AA 级及以上的信用评级。因此，Libor 通常被认为是评级 AA 级及以上的金融机构进行短期无担保借贷利率的估计值。

近年来，有人提出，某些大型银行可能操纵其 Libor 报价。有两种操纵动机：一是让银行的借贷成本看起来比实际低，这样看起来更健康；二是从交易中获利，如由 Libor 定价的利率互换。

Libor 的另一个潜在的问题是银行没有足够的同业借款来对所有不同货币/借款期限组合的借款利率作出准确的估计，这样随着时间的推移，每天提供的大量 Libor 报价将被基于少量实际交易的报价所取代。

目前监管机构已经停止使用 Libor，选用一些基于实际交易产生的两类利率作为替代利率。一类是隔夜回购利率（overnight repo rates），如美国的 SOFR（Secured Overnight Financing Rate）和瑞士的 SARON（Swiss Average Rate Overnight）。另一类是隔夜银行间贷款利率（unsecured overnight interbank borrowing rate），这是银行间为了调剂准备金而进行拆借行为时的利率。准备金是保证银行偿债能力的重要条件，所以监管机构会对银行准备金规定一个法定的最低额，即法定准备金。当一家银行的准备金不能达到这个法定水平的时候，就必须想办法进行周转。在这类利率中，有美国的有效美联储基准利率（effective federal funds rate），英国的英镑隔夜指数平均利率（Sterling Overnight Index Average，SONIA），欧元区的欧元短期利率（Euro Short-Term Rate，ESTER）和日本的日元无担保隔夜利率（Tokyo Overnight Average Rate，TONAR）。

四、互换利率

互换是交易双方达成的，以事先约定的方式在将来一段时期内交换一系列现金流的协议。一项标准的利率互换是指固定利率对浮动利率的互换。互换一方是固定利率支付者，固定利率在期初商定，而互换利率（swap rates）指的就是这个固定利率。另一方是浮动利率支付者，浮动利率参照互换期内某种特定的市场利率确定，如前面提到的 SOFR 等。

利率互换可看作是浮动利率债券和固定利率债券的交换，而一系列浮动的现金流和固定的现金流在期初双方签订协议时应当是等价的。此时，浮动利率债券的特点是平价发行，因此互换利率（等价的固定利率债券的票息率）可被定义为平价利率，该平价利率可用于折现因子或者即期利率的换算。（见图 50.7）

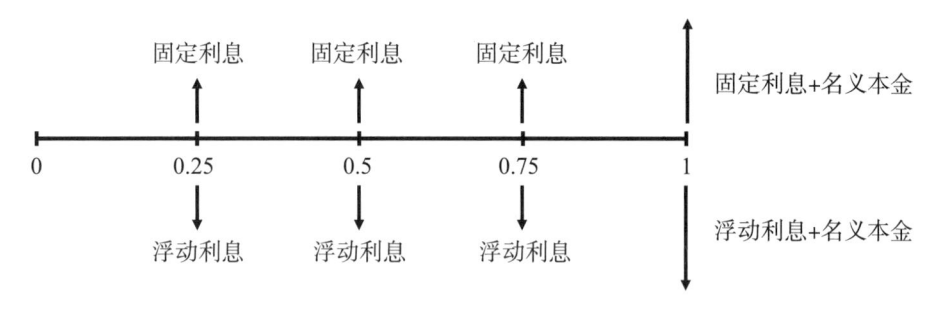

图 50.7 利率互换示意图

当然，以互换利率定义的"平价利率"和从平价国债中得到的"平价利率"还是有所差别的。这体现在两个方面。第一个是付息的频率。互换交易中通常一个季度交换一次现金流，而平价债券半年支付一次票息，它们的计息周期不一致。第二个是对手方风险的差别。平价国债的购买者不会面临对手方风险，而互换的合约签订者需要担心对方违约的风险。

五、隔夜指数互换利率

隔夜指数互换（overnight indexed swap）是一种特殊的互换合约。支付固定利率的一方，在总共 5 年的期间内，每 3 个月按固定的利率支付一次金额，而隔夜指数互换利率（OIS rate）指的就是这个固定的利率，和普通互换一致。而浮动利率则具有特殊性，它等于隔夜利率的几何平均数。例如，周期为3个月的浮动利率的计算方式为：

$$周期为3个月的浮动利率 = (1+r_1 d_1)(1+r_2 d_2)\cdots(1+r_n d_n) - 1 \tag{50.11}$$

其中，r_i 是第 i 天（$i=1,2,3,\cdots,n$）的隔夜利率，d_i 是利率 r_i 的持续日历日，n 是3个月周期中的交易日。

隔夜指数互换利率（OIS rate）常被当作无风险利率用于衍生品的定价。市场通常认为国债利率太低而不适合作为无风险利率。国债收益率低的原因主要有两个：第一，金融机构为满足一定的监管要求，必须买入一定的长短期国债，这种硬需求造成国债价格升高，收益率降低；第二，在美国，对于国债的税务规定要比其他定息投资更为有利，投资政府国债的获益无须缴纳州税，这也造成国债价格升高，收益率降低。

> **备考小贴士**
>
> 本节内容偏重定性考查。考生需要了解各个利率表达的不同含义。

第五节 利率的期限结构

定义（define）利率曲线的陡峭变化和平坦变化，描述（describe）反映利率发生平坦或陡峭变化的交易（★★）

比较（compare）和对比（contrast）利率期限结构的主要理论（★）

一、期限结构的变化

利率整体上涨、债券价格下跌的市场被称为熊市。利率整体下跌、债券价格上升的市场被称为牛市。

利率的期限结构指的是利率大小与时间之间的关系。不同期限的利率发生的变化，将造成期限结构的变化。而期限结构的变化，可以归纳为如下几种。

1. 平行移动

如图 50.8 所示，当所有期限的收益率均变化相同的数额时，我们称利率的期限结构发生平行移动（parallel shift）。此时，期限结构保持着形状和斜率不变。

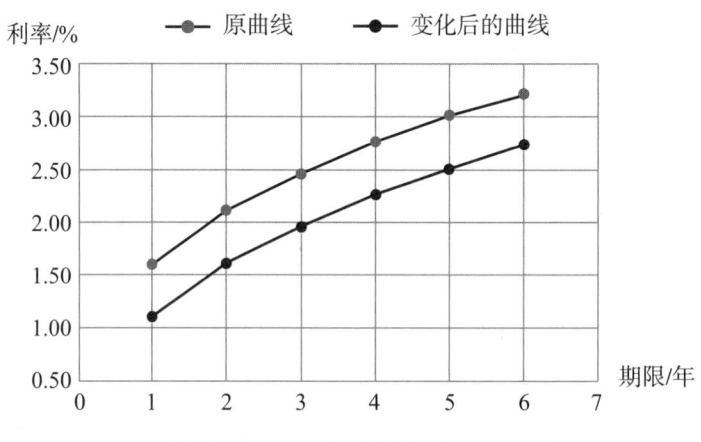

图 50.8 利率期限结构平行移动示意图

2. 平坦化期限结构

平坦化的期限结构（flattening term structure）是当期限结构发生非平行移动时所产生的。如图 50.9 所示，平坦化期限结构可能由牛市平坦变化（bull flattener）和熊市平坦变化（bear flattener）所导致。

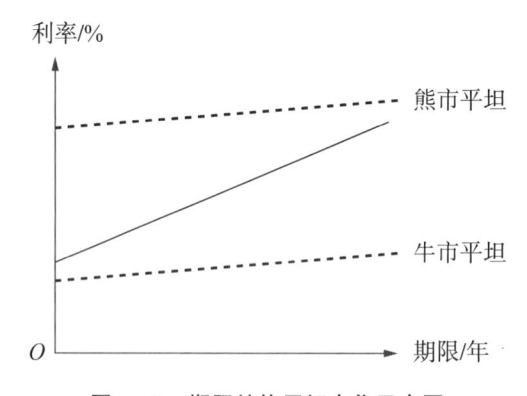

图 50.9 期限结构平坦变化示意图

（1）当长期利率和短期利率都下降，但是长期利率下降更多时，将产生牛市平坦变化。

（2）当长期利率和短期利率都上升，但短期利率上升更多时，将产生熊市平坦变化。

3. 陡峭化期限结构

陡峭化的期限结构（steepening term structure）也是当期限结构发生非平行移动时所产生的。如图 50.10 所示，陡峭化期限结构可能由牛市陡峭变化和熊市陡峭变化所导致。

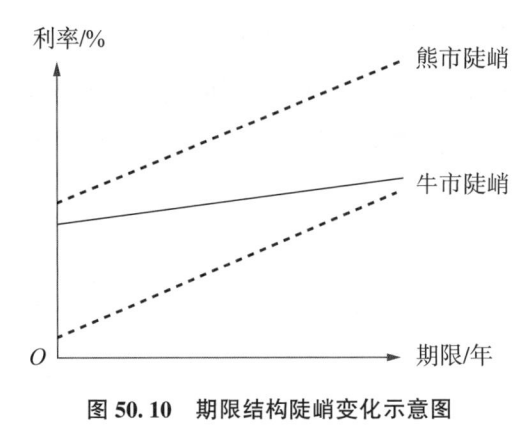

图 50.10　期限结构陡峭变化示意图

（1）当长期利率和短期利率都下降，但是短期利率下降更多时，将产生牛市陡峭变化。

（2）当长期利率和短期利率都上升，但长期利率上升更多时，将产生熊市陡峭变化。

判断期限结构将会产生的变化将为交易决策提供帮助。例如，如果交易员认为期限结构将产生陡峭变化时（如长期利率比短期利率上涨得更快，即长期债券比短期债券价格下跌得更多），交易员便可做空长期债券，做多短期债券。

二、期限结构理论

利率的期限结构形状由多种因素决定，不同流派的利率期限结构理论给出了不同的解释。

1. 预期理论

预期理论（expectation theory）认为，利率期限结构展现了市场对未来利率的期望。如果普遍市场预测未来的利率会上涨，那么利率的期限结构将呈现上坡型；而如果市场普遍预测未来的利率会下降，那么利率的期限结构将呈现下坡型。与此同时，该理论还认为，市场中的远期利率应当等于市场对未来即期利率的预期值。

2. 市场分割理论

市场分割理论（market segmentation theory）认为债券市场可根据期限细分为不同的市场，即不同投资者只会关注某类特定期限的债券。不同期限的债券被认为处于相互分割的市场中，每个被分割市场相互独立，其利率是由其所处分割市场的供给与需求所决定的，不受其他分割市场的影响。

这一理论最大的缺陷在于它认为不同期限的债券市场是互不相关的，而实际市场中的投资者很少只关注某类期限的债券，因而它无法解释不同期限债券的利率所体现的同步波动现象。

3. 流动性偏好理论

流动性偏好理论（liquidity preference theory）认为利率期限结构与不同期限债券的风险程度有关。流动性偏好理论假定：为了保证流动性，大多数投资者偏好持有短期证券。因此，为了吸引投资者持有期限较长的债券，必须支付流动性补偿，且流动性补偿随着时间的延长而增加。于是，根据流动性偏好理论，大多数情况下观察到的利率曲线总是向上倾斜的。

> **备考小贴士**
>
> 本节内容偏重定性考查。考生需要了解期限结构的变动方式与传统期限结构模型。

第五十一章

债券收益率和回报的计算

知识引导

本章将要探讨关于债券收益率与回报计算的问题。首先,会介绍到期收益率,它在债券交易中非常重要,是债券价格以利率形式的呈现,可以通过到期收益率计算债券价格。其次,会介绍债券的脏价与净价。虽然已经在前面的章节中讨论过它们,但本章会从具体计算的角度,介绍脏价、净价的计算细节。最后,通过拆解的方式,将债券的损益进行归因,以量化的手段找到债券损益的原因。

考点聚焦

对于到期收益率部分,考生需要熟练掌握到期收益率的计算,并深入理解到期收益率的相关性质,了解不同利差之间的区别。在净价与脏价部分,考生应掌握净价与脏价的定量计算,理解净价与脏价随着时间推移的变化过程。对于损益的拆解部分,考生需能够将债券的损益归结于具体原因,并能够进行相关计算。

本章框架图

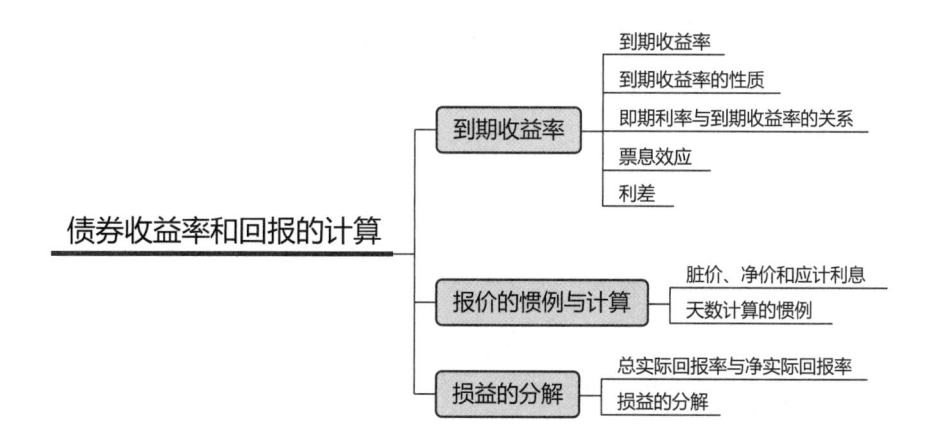

债券收益率和回报的计算
- 到期收益率
  - 到期收益率
  - 到期收益率的性质
  - 即期利率与到期收益率的关系
  - 票息效应
  - 利差
- 报价的惯例与计算
  - 脏价、净价和应计利息
  - 天数计算的惯例
- 损益的分解
  - 总实际回报率与净实际回报率
  - 损益的分解

第一节 到期收益率

一、到期收益率

> 定义（define）、解读（interpret）并且运用（apply）债券的到期收益率求出债券的价格（★★★）
>
> 在给定一个债券的现金流结构和价格的情况下，计算（calculate）债券的到期收益率（★★★）

到期收益率（yield-to-maturity，YTM）又称持有至到期收益率，它是已知某债券市场价格，并且使用假设持有至到期的现金流所计算出的收益率。在半年复利一次的情况下，面值为 100 的债券的 YTM 可以通过式（51.1）进行表示：

$$P = \frac{c/2}{1+y/2} + \frac{c/2}{(1+y/2)^2} + \frac{c/2}{(1+y/2)^3} + \cdots + \frac{c/2+100}{(1+y/2)^{2T}} \quad (51.1)$$

其中，P 代表市场价格，$c/2$ 代表投资者每半年一次预计收到的票息，y 代表到期收益率，T 代表到期期限。

在不作额外说明的情况下，债券"收益率"一词默认指到期收益率。对于一个债券，投资者可能在到期前的任一时点提前出售，也有可能持有至到期，因此它的现金流是多样化的。那么对于同样的一个市场价格，使用不同现金流将可能会计算出不一样的收益率，为了方便表示，我们选择最具代表性的一组现金流——持有至到期的现金流。在这种情况下，一个市场价格就会对应唯一的收益率，即 YTM。

YTM 是在已知价格的情况下计算出来的，因此它可以被看作是使用利率形式呈现的债券价格。如果投资者需要知道货币形式的价格，只需要使用持有至到期的现金流，用一个折现率——YTM 进行折现后加总即可得到。

例题 51.1

某债券的到期时间为 2 年，票息率为 4%，半年付息一次，债券当前的市场价格为 98（面值的 98%），请计算该债券的 YTM。*

名师解析

根据条件可以列式：

$$98 = \frac{2}{\left(1+\frac{YTM}{2}\right)} + \frac{2}{\left(1+\frac{YTM}{2}\right)^2} + \frac{2}{\left(1+\frac{YTM}{2}\right)^3} + \frac{102}{\left(1+\frac{YTM}{2}\right)^4}$$

但由于涉及高次方程的求解问题，我们不能直接手算结果，需要借助金融计算器求解：

N = 4，PMT = 2，PV = -98，FV = 100 → CPT I/Y = 2.5320

YTM = 2.5320 × 2 = 5.06

（以上数值为计算器显示结果，其实际单位为%，即 2.5320% × 2 = 5.06%）

二、到期收益率的性质

解释（explain）票息率、到期收益率和债券价格之间的关系（★★★）

通过比较到期收益率和债券票息率的大小，可以判断债券的折溢价情况：

（1）如果 YTM > 票息率，债券是折价状态（价格小于面值）；

（2）如果 YTM = 票息率，债券是平价状态（价格等于面值）；

（3）如果 YTM < 票息率，债券是溢价状态（价格大于面值）。

由于债券到期时除票息外需支付的金额都是面值（在不计最后一期票息的情况下），即无论是折价债券还是溢价债券到期时的价值都会等于面值，因此债券价值随着时间的推移会存在回归面值现象（pull to par effect），如图 51.1 所示。

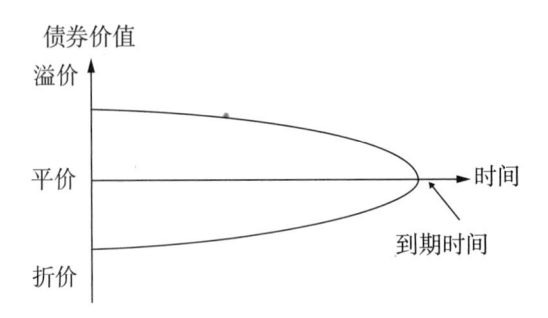

图 51.1 债券价值回归面值示意图

三、即期利率与到期收益率的关系

> 解释（explain）即期利率和持有至到期收益率之间的关系（★★★）
> 定义（define）票息效应（★★）

令 z_i（$i=1,2,\cdots,n$）表示即期利率，根据债券定价原理，债券的价格（P）既可以用 YTM 进行计算，也可以用即期利率进行计算。从中我们可以看出，YTM 是以现金流为权重对即期利率的"平均"。

$$P = \frac{CF_1}{(1+YTM)} + \frac{CF_2}{(1+YTM)^2} + \cdots + \frac{CF_n}{(1+YTM)^n}$$

$$= \frac{CF_1}{(1+z_1)} + \frac{CF_2}{(1+z_2)^2} + \cdots + \frac{CF_n}{(1+z_n)^n} \tag{51.2}$$

如果某一项分子上的现金流较大，最终算出的 YTM 就会较接近于那一期现金流所对应的即期利率。通常情况下，由于到期时的现金流包括本金和票息，现金流较大，所以 YTM 会较接近期限为到期时间的即期利率。

从利率的期限结构中可以印证即期利率与到期收益率之间的关系。由于即期利率是远期利率的几何平均数，而 YTM 是对即期利率以现金流为权重进行"平均"的"平均值"，因此当利率期限结构是上升型的时候，即期利率曲线在远期利率曲线下方，而收益率曲线在即期利率下方，如图 51.2 所示；当利率的期限结构是下降型的时候，即期利率曲线在远期利率上方，而收益率曲线在即期利率上方，如图 51.3 所示。

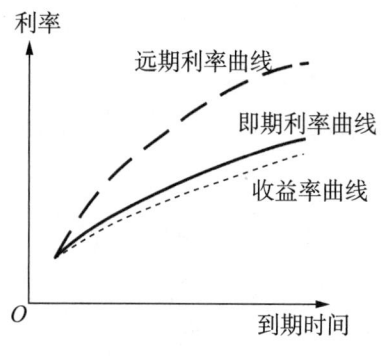

图 51.2　上升型期限结构示意图

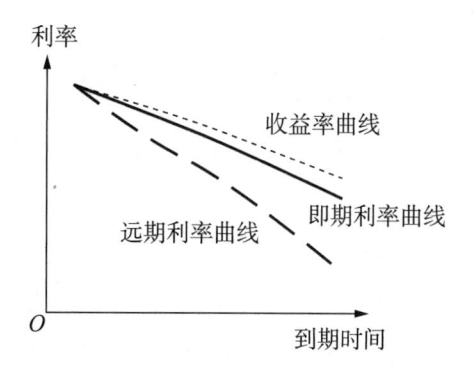

图 51.3　下降型期限结构示意图

四、票息效应

YTM 和即期利率之间的关系也可以用于解释票息效应（coupon effect）。票息效应的定义为，对于期限相同的各种被公允定价的债券，如果票息利率不一致，不同债券将会有不同的 YTM，并且存在如下性质：

（1）如果即期利率的期限结构是上升型的，则票息率越大，YTM 越小；

（2）如果即期利率的期限结构是下降型的，则票息率越大，YTM 越大；

（3）如果即期利率的期限结构是水平型的，则 YTM 将保持不变。

这里可以用 YTM 是即期利率以现金流为权重的平均来解释。如果即期利率的期限结构是上升型的，则期限长的即期利率大于期限短的即期利率。当票息率增大时，期限较短且数额较小的即期利率所对应的权重将相对增大，YTM 对应变小。如果即期利率的期限结构是下降型的也是同理，票息率增大时，YTM 将变大。

五、利差

> 定义（define）和理解（interpret）债券的利差，并且解释（explain）如何通过债券价格和利率的期限结构得到利差（★★★）

简单来说，利差（spread）就是不同债券收益率之间的差额。

1. G-spread

G-spread 是某一债券和对应期限的政府债券收益率的差额。例如，某 3 年期公司债的到期收益率为 7%，市场上 3 年期国债的到期收益率为 3%，则该公司债的 G-spread 为 4%。

如果市场没有对应期限的政府债券，则可通过线性插值法求出对应的收益率。例如，某公司债到期时间为 4 年，而市场中仅有 3 年期、收益率为 3% 的政府债和 5 年期、收益率为 5% 的政府债，并没有对应的 4 年期的政府债。那么我们便可以通过线性插值法，使用 3 年期和 5 年期的政府债的收益率，求出对应的 4 年期的政府债的收益率（4%）。

2. Z-spread

Z-spread 又称零波动率利差（zero volatility spread）或者静态利差（static spread）。它假设债券的折现率是通过各期政府债的即期利率分别加上一个相等的差额得到的，而这个差额就是 Z-spread。其计算关系如式（51.3）所示：

$$PV = \frac{PMT}{(1+z_1+Z)^1} + \frac{PMT}{(1+z_2+Z)^2} + \cdots + \frac{PMT+FV}{(1+z_n+Z)^N} \quad (51.3)$$

其中，PV 代表债券当前的市场价格；PMT 代表债券每次支付票息的金额；FV 代表面值；$z_1, \cdots, z_n$ 代表各期政府债的即期利率；Z 代表 Z-spread。

> **备考小贴士**
>
> 本节内容的考查偏重定性与定量方式相结合。考生需要熟练掌握 YTM 的计算，深入了解 YTM 性质，并了解不同的利差。

第二节　报价的惯例与计算

一、脏价、净价和应计利息

> 区分（differentiate）美国国债的净价和脏价（★★）
> 计算（calculate）美国国债的应计利息和脏价（★★）

在企业债和国债部分，我们已经对债券的脏价、净价和应计利息有了初步的了解，现在我们可以更加深入地讨论它们之间的关系和影响。

回顾之前的内容，债券的报价被称为净价（clean price）或者平价（flat price），实际交易价被称为脏价（dirty price）或者全价（full price），实际交易价和报价之间的差额为应计利息（accrued interest）。它们之间的关系可用式（51.4）进行表示：

$$全价（脏价）= 平价（净价）+ 应计利息 \qquad (51.4)$$

由于利息的累积是连续的，而利息的实际支付是离散的（只在付息日支付），因此全价会重复出现"上升-下跳"的现象，不适合作为报价使用。因此，债券市场会进行人为处理，在全价上减去发行人应付而未付的利息（假设发行人在每天都进行票息的支付），这样新得到的价格的走势就会呈现较为"平坦"和"干净整洁"的特点。并且，该价格可作为报价使用。

如图 51.4 和图 51.5 所示，全价和净价的走势会呈现如下特点。

（1）在付息日，全价和净价会重合一致。

（2）在两个不同付息日之间，由于利息的累积，全价会逐渐上升。

（3）由于回归面值效应，溢价债券的净价会逐渐降低。

（4）由于回归面值效应，折价债券的净价会逐渐升高。

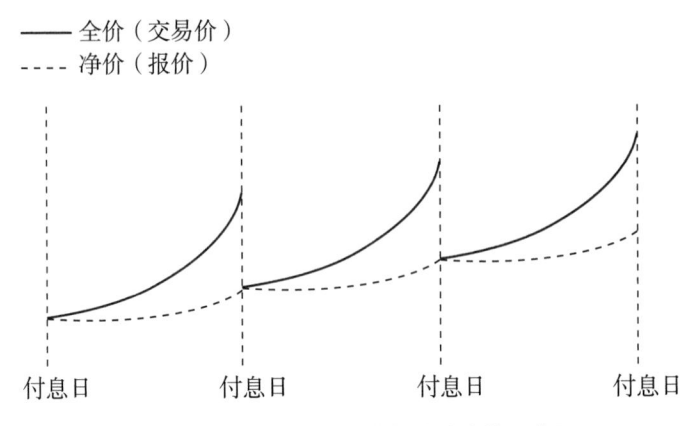

图 51.4　折价债券的全价与净价走势示意图

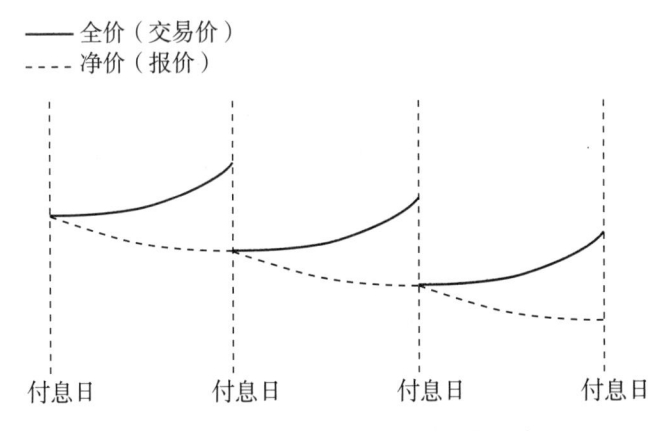

图 51.5　溢价债券的全价与净价走势示意图

债券的全价为债券未来现金流折现的现值。在计算时，如果债券交易日在付息日，折现期数为整数，可以很方便地使用金融计算器计算出全价。而如果交割日在两次付息日之间，由于期数不为整数，很难用金融计算器直接求出全价。这时，需要使用计算器把未来现金流先折现至上一个付息日，再复利至交易日，得出的就是债券的全价，再用全价减去应计利息，就得到了债券的净价。下面用一道例题来说明。

例题 51.2

某投资者正在考虑购买一支企业债券。该债券票息率为 8%，半年付息一次，面值为 USD 100。债券的付息日为每年的 3 月 1 日和 9 月 1 日，并将于 2030 年 9 月 1 日到期。假设今天是 2020 年 5 月 15 日，今天距离上一个付息日 74 天，而上一个付息日距离下一个付息日 180 天，债券的 YTM 为 6%。请计算该债券的交易价和报价。

名师解析

计算债券的应计利息：

$$应计利息 = \frac{74}{180} \times \left(100 \times \frac{8\%}{2}\right) = USD\ 1.6444$$

计算债券在上一付息日（2020 年 3 月 1 日）的价值：

$$PMT = 4,\ FV = 100,\ N = 21,\ I/Y = 3 \rightarrow CPT\ PV = -115.4150$$

计算债券在交易日（2020 年 5 月 15 日）的价值（全价）：

$$115.4150 \times (1 + 3\%)^{\frac{74}{180}} = USD\ 116.8261$$

计算债券的报价（净价）：

$$净价 = 全价 - 应计利息 = 116.8261 - 1.6444 = USD\ 115.1817$$

二、天数计算的惯例

在计算天数时，债券市场有不同的惯例。如果是政府相关的债券，常见的天数计算惯例是 actual/actual，即分子分母都按照实际的天数进行计算。如果是企业债或者市政债（municipal bonds），则通常采用 30/360 的惯例，即认为一年有 360 天，而每个月都是 30 天。

备考小贴士

本节内容的考查偏重定性与定量相结合的方式。考生需要复习脏价和净价的概念、掌握脏价和净价的计算；了解随着时间变化，脏价和净价的变化方式。

第三节 损益的分解

一、总实际回报率与净实际回报率

> 区分（differentiate）总实际回报率和净实际回报率，并且计算债券在一定时间内考虑再投资的净实际回报率（★）

一定期限持有债券获得的总实际回报（gross realized return）可分解为三部分：资本利得和损失（债券净价价差）、票面利息收入和票面利息的再投资收入。（见图 51.6）

债券在 t 时刻、$t+1$ 时刻的价格分别为 P_t、P_{t+1}，在 $t+1$ 时刻收到的票息与票息的再投资收益为 C。定义从 t 时刻到 $t+1$ 时刻实现的总实际回报率为 $R_{t,\,t+1}$，则其数学表达式为：

$$R_{t,\,t+1} = \frac{P_{t+1} - P_t + C}{P_t} \tag{51.5}$$

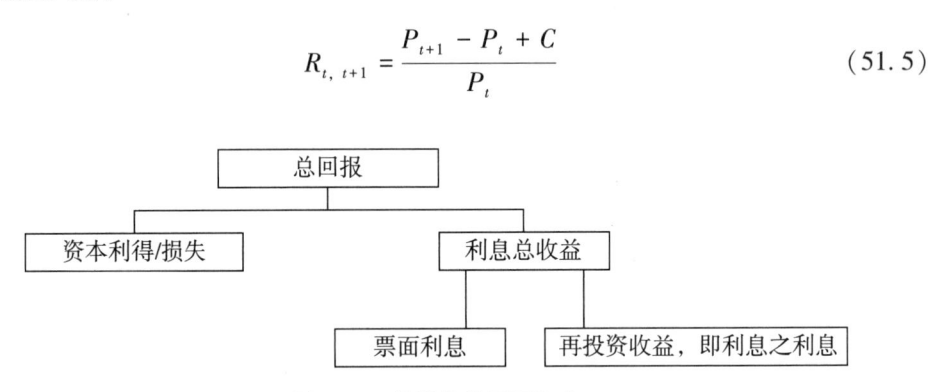

图 51.6 债券的总回报构成

例题 51.3

假设一位投资者在 2010 年 6 月 1 日以价格 USD 105.856 购买了到期日为 2011 年 11 月 30 日、票息率为 4.5% 的美国国债。过了 6 个月后，该债券 2010 年 11 月 30 日的价格为 USD 105。这 6 个月的投资总回报率为多少？

名师解析

半年期的息票为 USD 2.25，由式（51.5）有：

$$\frac{105 - 105.856 + 2.25}{105.856} \times 100\% = 1.317\%$$

假设本题中债券的持有期变为 1 年（持有到期日为 2011 年 5 月 31 日），2010 年 11 月份获得的票息以名义年利率 0.6% 进行投资（每半年复利一次），在 2011 年 5 月 31 日该债券的价值为 USD 105。则持有期内投资的总实际回报率为：

$$\frac{105 - 105.856 + 2.25 + 2.25 \times (1 + 0.6\%/2)}{105.856} = 3.449\%$$

如果债券投资者是通过借钱来购买债券的，那么就需要考虑融资成本，净实际回报（net realized return）就是总实际回报减去融资成本。净实际回报率的定义式为：

$$R_{t,\,t+1} = \frac{P_{t+1} - B_{t+1} + C}{P_t} \tag{51.6}$$

其中，B_{t+1} 为 $t+1$ 时刻需要归还的借款金额，包括借款本金和利息，其余字母的含义同式（51.5）。

例题 51.4

假设例题 51.3 的其他条件保持不变，债券是通过借款购买的，借款利率为 0.2%，每半年复利一次，求半年后该债券的净实际回报率。

名师解析

债券持有期为半年，借款的偿还金额为：

$$105.856 \times \left(1 + \frac{0.2\%}{2}\right) = USD\ 105.962$$

根据式（51.6），该债券的净回报率为：

$$\frac{105 + 2.25 - 105.962}{105.856} \times 100\% = 1.217\%$$

事实上，该净回报率是例题 51.3 计算出的总回报率减去 6 个月的融资利率 0.1% 得到的。

二、损益的分解

> 解释（explain）将债券头寸或组合的损益拆解为 carry roll-down、利率变化和利差变化部分的影响（★★）
>
> 解释（explain）以下四种常见的 carry roll-down 的假设情景：实现的远期利率、不变的期限结构、不变的收益率和短期利率预期的实现；并且计算（calculate）在这些假设的情况下的 carry roll-down（★★）

如图 51.7 所示，债券的损益可以拆分为 carry roll-down、基准利率变化、利差变化、融资成本四个部分，而 carry roll-down 下又可以继续拆分为 cash-carry 和价差变化。

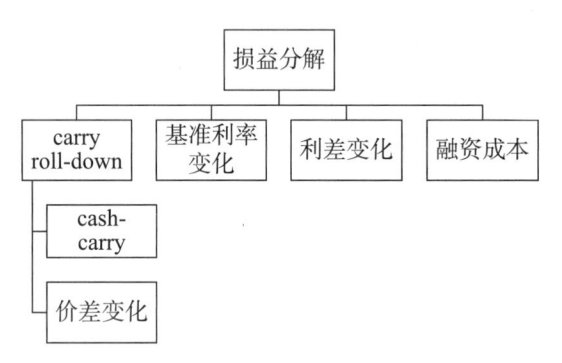

图 51.7 债券损益拆解模型

carry roll-down 的含义是在利率环境某些方面不发生变化时，持有债券所能够获得的收益。而 cash-carry 指的是现金性的利息收益。价差变化指的是在利率环境没有变化的情况下，债券价格随着时间的推移发生的变化。而基准利率变化和利差变化则表示当利率环境发生变化时，债券价格变化所带来的损益。如果在此过程中还有融资成本，那么我们还可以将融资成本纳入考虑范围。

利率环境没有发生变化，可以分别假设为如下情景。

（1）远期利率的实现。（Forward rates are realized.）

（2）利率的期限结构不发生变化。（The interest rate term structure stays unchanged.）

（3）债券的 YTM 不变。

（4）个人的估计。

"债券的 YTM 不变"情景指的是，随着时间的推移，债券的价格以及未来现金流会发生变化，但我们假设债券的 YTM 不变。"个人的估计"指的是投资者可以对未来利率进行预测，并基于该预测进行相关计算。"远期利率的实现"和"利率的期限结构不发生变化"可以通过例子进行阐释。

假定 20×7 年远期利率期限结构如表 51.1 所示。时期 0~1 年所对应的远期利率是从 20×7 年年初至 20×7 年年末的利率，时期 1~2 年所对应的远期利率是从 20×8 年年初至 20×8 年年末的利率，以此类推。时间经过 1 年以后，如果是"利率的期限结构不发生变化"情景，则 20×8 年的远期利率期限结构如表 51.2 所示。此时，时期 0~1 年所对应的利率是从 20×8 年开始至 20×8 年年末的利率，而时期 1~2 年所对应的利率是从 20×9 年年初至 20×9 年年末的利率。而如果是"远期利率的实现"情景，到 20×8 年时，远期利率的期限结构将如表 51.3 所示，站在 20×7 年看未来的远期利率得以实现。

表 51.1　　　　　　　　　　20×7 年远期利率期限结构

时期/年	远期利率
0~1	2%
1~2	3%
2~3	4%

表 51.2　　　　　　　　　　20×8 年远期利率期限结构

时期/年	远期利率
0~1	2%
1~2	3%
2~3	4%

表 51.3　　　　　　　　　　20×8 年远期利率期限结构

时期/年	远期利率
0~1	3%
1~2	4%

下面用一个具体例子来说明损益拆解的计算。

例题 51.5

假设某一公司债 2010 年 1 月 1 日发行,年息票为 1 元,在持有期限内的息票、基准利率曲线、利差见表 51.4,对该债券从 2010 年 1 月 1 日到 2011 年 1 月 1 日这 1 年的回报进行分解。假设利率环境没有发生变化的情景是远期利率的实现。

表 51.4   债券损益分解表

	初始时间	2010-1-1	2011-1-1	2012-1-1	价格/元	价差损益/元
	定价时间:2010-1-1;年息票 1 元					
初始价格	基准远期利率期限结构	2%	3%	4%	93.0229	—
	利差	0.5%	0.5%	0.5%		
	定价时间:2011-1-1;年息票 1 元					
Carry roll-down	基准远期利率期限结构	—	3%	4%	94.3485	+1.3256
	利差	—	0.5%	0.5%		
	Cash carry = 年息票 = 1 元					
利率变化	基准远期利率期限结构	—	2%	3%	96.1800	+1.8315
	利差	—	0.5%	0.5%		
利差	基准远期利率期限结构	—	2%	3%	95.2577	-0.9223
	利差	—	1%	1%		

名师解析

首先,计算出在初始计息日利率期限结构和利差下的债券估值:

$$P = \frac{1}{1 + 2.5\%} + \frac{1}{(1 + 2.5\%) \times (1 + 3.5\%)} + \frac{101}{(1 + 2.5\%) \times (1 + 3.5\%) \times (1 + 4.5\%)}$$
$$= 93.0229(元)$$

对于 carry roll-down 的计算,分为两部分,第一个部分是利率市场环境不变的情境下债券价格的价差变化;第二个部分是该时间段内获得的现金性收益(cash carry),一般为票息和票息的再投资收益。

其次,1 年后,在远期利率实现的条件下,债券价格变为:

$$P = \frac{1}{1+3.5\%} + \frac{101}{(1+3.5\%) \times (1+4.5\%)} = 94.3485(元)$$

因此，1年后，carry roll-down 的价差变化的损益为：

$$损益 = 94.3485 - 93.0229 = 1.3256(元)$$

由于1年收到的票息为1元，因此：

$$cash\ carry = 年息票 = 1(元)$$

$$carry\ roll\text{-}down = cash\ carry + 价差损益 = 1 + 1.3256 = 2.3256(元)$$

再次，1年后，在利差不变的情况下，基准远期利率由初始时刻2011年1月1日的3%和2012年1月1日的4%分别变化为2%和3%，由于基准远期利率曲线变化引起的损益：

$$P = \frac{1}{1+2.5\%} + \frac{101}{(1+2.5\%)(1+3.5\%)} = 96.1800(元)$$

$$损益 = 96.1800 - 94.3485 = 1.8315(元)$$

最后，计算由于利差变化引起的损益：

$$P = \frac{1}{1+3\%} + \frac{101}{(1+3\%)(1+4\%)} = 95.2577(元)$$

$$损益 = 95.2577 - 96.1800 = -0.9223(元)$$

该债券在2011年1月1日的价格为95.2577元。

$$价差损益 = 95.2577 - 93.0229 = 1.3256 + 1.8315 - 0.9223 = 2.2348(元)$$

$$总回报 = 价差损益 + 利息收益 = 2.2348 + 1 = 3.2348(元)$$

备考小贴士

本节内容偏重定量考查。考生需要了解持有一支债券的收益可分解成哪些部分，并掌握计算。

第五十二章

久期和凸度

知识引导

在固定收益产品中，由利率变化所导致的债券价格的不确定性，被称为利率风险。笼统来说，久期就是债券价格对于利率变化的敏感程度，而凸度则是衡量利率变化对于债券价格二阶的影响。在管理利率风险时，我们首先需要通过久期和凸度这样的风险指标测度组合所面临的风险，再通过一些对冲工具使整个组合实现相应风险的对冲。本章也将按照这个顺序，先介绍久期和凸度指标，再介绍如何基于久期和凸度进行利率风险的对冲。

考点聚焦

本章节通常以定量考查为主。考生需要深度了解每一个久期的含义，并明确不同久期之间的相互关系；了解并计算凸度如何补充久期，更好地估计债券价格变化；了解凸度的特点、杠铃型策略和子弹型策略的特点及构造；计算对冲份数或对冲金额。

本章框架图

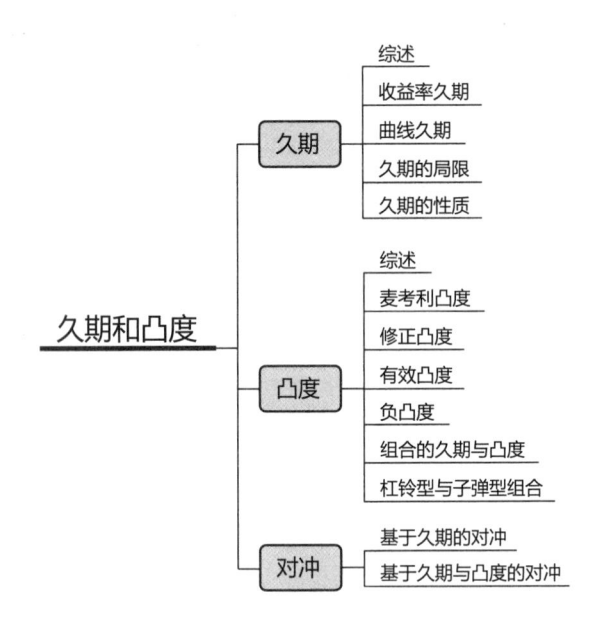

久期和凸度
- 久期
  - 综述
  - 收益率久期
  - 曲线久期
  - 久期的局限
  - 久期的性质
- 凸度
  - 综述
  - 麦考利凸度
  - 修正凸度
  - 有效凸度
  - 负凸度
  - 组合的久期与凸度
  - 杠铃型与子弹型组合
- 对冲
  - 基于久期的对冲
  - 基于久期与凸度的对冲

第一节 久期

一、综述

久期（duration）用于衡量债券价格对利率（或基准利率）变动的敏感程度。值得指出的是，在使用久期的时候，我们往往假设除了到期收益率（YTM）或基准利率以外的因素都保持不变，仅分析利率这一变量的改变对于债券价格的影响。久期可以分成收益率久期（yield duration）和曲线久期（curve duration），前者反映债券自身到期收益率的变化对于债券价格变化的敏感程度，后者反映债券基准利率曲线变化对于债券价格变化的敏感程度。其中，收益率久期有麦考利久期（Macaulay duration）、修正久期（modified duration）、现金久期/美元久期（money duration/dollar duration）三种具体的计算方式；而曲线久期最常见的体现形式是有效久期（effective duration）。下面我们将逐一介绍这几种不同类型的久期。

二、收益率久期

> 计算（calculate）一个债券的麦考利久期、修正久期和美元久期（★★★）

1. 麦考利久期

麦考利久期（Macaulay duration, *MacDur*）定义为折现现金流的加权平均回流时间。其中，权重为每期现金流的折现值除以债券价格（即全部折现现金流的价值）。值得指出的是，麦考利久期除了可被理解为价格变化率对利率变化率的敏感性之外，还可以被理解为一个时间的概念，即折现现金流平均回流时间。根据定义，不难得出麦考利久期定义式为：

$$MacDur = \frac{\sum_{t=1}^{n} t \times PVCF_t}{\sum_{t=1}^{n} PVCF_t} \quad (52.1)$$

其中，$PVCF_t$ 表示时期 t 现金流的现值；分母代表所有折现现金流之和（即债券价格 P）；分子代表各期现金流折现值对应期限的乘积之和。

对于零息债券，由于现金流只在到期时发生，因此其麦考利久期等于其到期期限。而对于附息国债，由于一部分现金流发生到期期限之前，其麦考利久期小于其到期期限。

例题 52.1

一只面值为 USD 100 的 5 年期债券，年票息率为 4%，到期收益率是 4.5%，每年付息一次，则该债券的麦考利久期为多少？

名师解析

在到期前共会发生 5 次现金流。对这几期现金流折现和权重因子进行统计，结果见表 52.1。

表 52.1　　麦考利久期计算明细表

时间/年	现金流/USD	折现现金流/USD	每一期折现现金流的权重	每一期折现现金流的加权时间/年
1	4	3.828	3.91%	0.0391
2	4	3.663	3.75%	0.0750
3	4	3.505	3.58%	0.1074
4	4	3.354	3.43%	0.1372
5	104	83.455	85.33%	4.2665
合计	120	97.805	100%	4.6252

由表 52.1 可知，每一年的现金流是 USD 4，第 5 年的现金流是面值 USD 104（100+4）。首先，用到期收益率（4.5%）对现金流折现，可以算出每年的折现现金流。其次，将每一年的折现现值除以总折现现金流，得到每一年折现现金流的权重。再次，将每一年现金流的时间乘以对应折现现金流的权重，得到每一年折现现金流的加权时间。最后，将每一年折现现金流的加权时间相加，得到债券的所有折现现金流的加权时间为 4.6252 年，即麦考利久期。如图 52.1 所示。

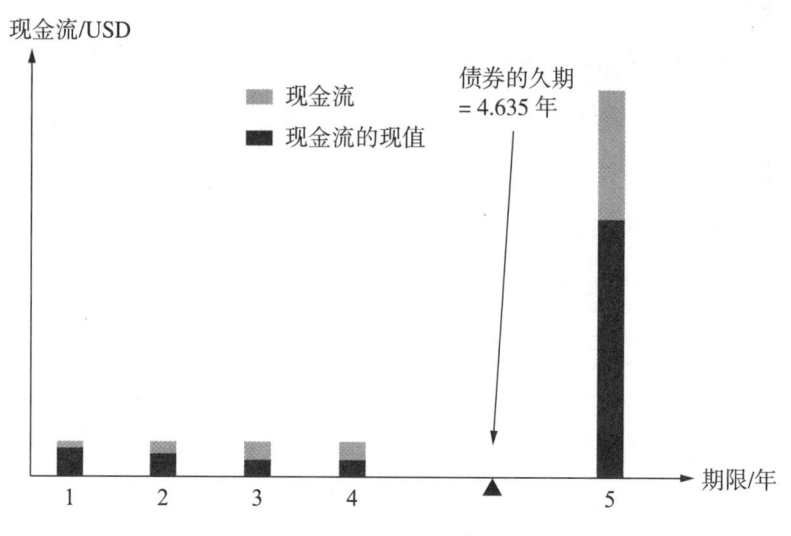

图 52.1 附息国债现金流与现金流现值

由图 52.1 可见，在某种程度上可以认为久期是债券现金流的重心。期限越长，现金流重心越靠后，久期越靠后；票息越高，由于前期现金流相对本金来说比例更大，所以现金流重心越靠前，久期越靠前。

2. 修正久期

从数学上理解，修正久期（modified duration，ModDur）衡量了到期收益率变化一个单位对应的债券价格的变化率。此外，修正久期可以通过麦考利久期进行简单修正，即由麦考利久期除以（1+期间利率）得到：

$$ModDur = -\frac{\Delta \%P}{\Delta y} = \frac{MacDur}{1 + y/m} \tag{52.2}$$

其中，$\Delta \%P$ 为债券价格的变化率（百分比），y 为到期收益率，Δy 为利率的变化量，m 为一年内的复利频次。价格与利率的变动方向相反，而修正久期常用正数表示，因此需在式中添加一个负号。

在离散复利下，债券价格的变化率可以通过利率变化量乘以其修正久期得到：

$$\Delta \%P \approx -ModDur \times \Delta y \tag{52.3}$$

而在连续复利下，根据数学关系结论，修正久期等于麦考利久期，因此债券价格的变化率可以通过利率变化量乘以其麦考利久期得到：

$$\Delta \%P \approx -MacDur \times \Delta y \tag{52.4}$$

例题 52.2

某固定利率债券票息率为5%，半年付息一次，其到期收益率从6%上升到7%，如果其修正久期为4，请问该债券的价格变化率是多少？

名师解析

根据式（52.3）可得：

$$\Delta\%P \approx -4 \times (7\% - 6\%) = -4\%$$

因此，债券价格降低4%。

3. 现金久期/美元久期

> 在给定一个收益率变化量的情况下，定义（define）和计算（calculate）固定收益债券的 $DV01$ 以及收益率变化导致的价格变化（★★★）
>
> 比较（compare）和对比（contrast）$DV01$ 和有效久期作为价格敏感度的区别与联系（★★★）

现金久期/美元久期（money duration/dollar duration，$DollarDur$）衡量当YTM发生变化时债券的价格变化。值得指出的是，修正久期衡量的是YTM变化时债券价格的变化率，即债券价格变化的百分比；但现金久期衡量的是YTM变化时债券价格的变化额，即现金金额的变化。现金久期的计算公式为：

$$DollarDur = -\frac{\Delta P}{\Delta y} = ModDur \times P^{Full} \qquad (52.5)$$

其中，P^{Full} 为债券的全价。

债券的价格变化量可以通过利率变化量乘以现金久期得到：

$$\Delta P \approx -DollarDur \times \Delta y \qquad (52.6)$$

与美元久期类似，有一种特殊的久期名为基点价值（dollar value of 1 basis point，$DV01$），它表示当收益率变化一个基点（basis point，bp）时债券价格的变化额。基点价值由美元久期除以10 000得到：

$$DV01 = -\frac{\Delta P}{10\,000 \times \Delta y} = \frac{DollarDur}{10\,000} \qquad (52.7)$$

美元久期的数值含义为"利率变化1（100%）时，债券价格的货币值变化"。

利率变化值采用1，而非1%，主要是因为在计算 $-\dfrac{\Delta P}{\Delta y}$ 时，分母中的利率的表示单位虽然为百分比，但实际计算时并未以百分比为单位（如1%在计算时写为0.01），即隐含认为利率的单位是"1"。因此，美元久期除以10 000，便能得到当利率变化1个基点（0.0001）时价格的货币值变化。

例题52.3

某债券尚有10年到期，面值为1 000元，每年支付票息一次，票息率为6%，该债券目前市场价格为1 042元。请问每万元面值的 DV01 是多少？

名师解析

此类题目根据定义逐步求解即可。

第一步，先求出该债券的收益率。

N = 10，PV = -1 042，FV = 1 000，PMT = 60→CPT I/Y = 5.44。

第二步，计算FV = 10 000的情况下，I/Y 增减0.01%时的债券价格。

该债券目前市场收益率是5.44%，所以增减1个bp，收益率分别为5.43%和5.45%，于是，我们分别求解：

N = 10，I/Y = 5.43，FV = 10 000，PMT = 600→CPT PV = -10 431.09，即 P- ；

N = 10，I/Y = 5.45，FV = 10 000，PMT = 600→CPT PV = -10 415.57，即 P+ 。

第三步，求每万元面值的 DV01。

DV01 = （10 431.09 - 10 415.57）÷ 2 = 7.76

综合来看，借助收益率久期，我们可以在已知债券到期收益率变化量时，求出债券价格的百分比变化或者货币值变化。但值得注意的是，收益率久期只能在非含权债券中使用。对于可赎回、可回售等含权债券，行权的不确定性将导致现金流的不确定性，这将导致不能计算出准确的 YTM（本质上 YTM 是内涵报酬率，计算时需要以现金流确定为条件）。因此，基于YTM的收益率久期不能在含权债券中使用。

三、曲线久期

曲线久期（curve duration）可用于含权债券，它描述当基准利率曲线发生平行移动时，债券价格的变化。其中蕴含最简单的单因子模型假设，即一个平行移动量可以描述整个基准利率曲线的变化。

如前文所述，收益率久期不能用于含权债券。对于含权债券，我们可以研究当基准利率发生变化时，债券价格的变化。而不同期限的基准利率有很多，并且它们各自的变化量通常不相等，使情形变得较为复杂。为此，我们做出假设，认为不同期限的基准利率的变化量都是相等的，反映在期限结构上便是曲线发生平行移动。这样，通过一个平行移动的变量，便能描述所有基准利率的变化。

1. 有效久期

> 在给定一个收益率变化量的情况下，定义（define）、计算（calculate）和理解（interpret）一个固定收益债券的有效久期及其导致的价格变化（★★★）

有效久期（effective duration，$EffDur$）描述当所有基准利率共同变化一个较小的量时，债券价格的百分比变化。有效久期的定义式为：

$$EffDur = \frac{\frac{P_{-\Delta y} - P_{+\Delta y}}{P_0}}{2 \times \Delta Curve} \tag{52.8}$$

其中，$P_{-\Delta y}$ 表示利率曲线下降时的价格；$P_{+\Delta y}$ 表示利率曲线上升时的价格；P_0 表示利率曲线变化之前的价格；$\Delta Curve$ 表示利率曲线变化的幅度。

曲线久期衡量的是债券价格的变化率，但 $DV01$ 衡量的是债券价格的变化额。

2. 基点价值

类似于收益率久期中的 $DV01$，曲线久期分类下也有描述"利率变化一个基点时债券价格的变化"的久期。并且一些分析师会进行更为细致的划分，如下所示。

（1）基于收益率的 $DV01$（yield-based $DV01$）表示当某支债券的收益率发生一个基点的变动时，这支债券的价格变化。

（2）$DVDZ/DPDZ$ 表示所有的即期利率均发生一个基点的变动时债券价格的变化。

（3）$DVDF/DPDF$ 表示所有的远期利率均发生一个基点的变动时债券价格的变化。

例题 52.4

现有某美国国债,面值为 100 万美元,票息率为 10%,半年付息。该债券剩余期限为 1 年,假设即期利率期限结构如表 52.2 所示。如果即期利率变动 5 个基点,请计算该债券的 $DV01$ 和有效久期。

表 52.2　　市场的即期利率

期限/年	利率
0.5	7.0%
1.0	7.5%

名师解析

该债券的价值为:

$$P_0 = \frac{50\,000}{1.035} + \frac{1\,050\,000}{1.0375^2} = 1\,023\,777.32$$

如果利率上升 5 个基点,债券的价值为:

$$P_{+\Delta y} = \frac{50\,000}{1.03525} + \frac{1\,050\,000}{1.03775^2} = 1\,023\,295.72$$

则 $DV01$ 可计算为:

$$DV01' = \frac{1\,023\,777.32 - 1\,023\,295.72}{5} = 96.32$$

如果利率下降 5 个基点,债券的价值为:

$$P_{-\Delta y} = \frac{50\,000}{1.03475} + \frac{1\,050\,000}{1.03725^2} = 1\,024\,259.26$$

$DV01$ 可计算为:

$$DV01'' = \frac{1\,024\,259.26 - 1\,023\,777.32}{5} = 96.39$$

两个 $DV01$ 有微小的差别,这主要是因为久期只是债券价格变化的线性估计。我们也可以通过取两个 $DV01$ 的平均,得到相对更好的结果:

$$DV01 = \frac{96.32 + 96.39}{2} = 96.355$$

最后,有效久期为:

$$\textit{EffDur} = \frac{P_{-\Delta y} - P_{+\Delta y}}{P_0 \times 2 \times \Delta Curve} = \frac{\frac{1\,024\,259.26 - 1\,023\,295.72}{1\,023\,777.32}}{2 \times 0.05\%} = 0.9412$$

四、久期的局限

久期往往隐含利率期限结构发生小幅平行移动的假设，而如果实际期限结构发生非平行移动（不同期限的利率变化不等）或者期限结构发生大幅变化时，通过久期得到的对债券价格变化的估计将变得不准确。

五、久期的性质

（1）债券的期限越长，通常久期就越大。

债券的各种久期的大小是同增同减的，判断出其中一个久期的大小变化，就可以推出其他久期的大小变化。债券的期限越长，通常加权平均收款期限就越长，麦考利久期就越长。

（2）债券的票息率越高，久期就越小。

债券的票息率越高就意味着有越多的钱"更早"回流，所以在同等情况下，债券的票息率越高，久期就越小。

（3）债券的YTM越高，久期就越小。

债券的现金久期是价格对收益率的导数的绝对值。从图52.2可以看出，债券的收益率越低，切线越陡峭，斜率绝对值越大，久期越大；反之，久期越小。

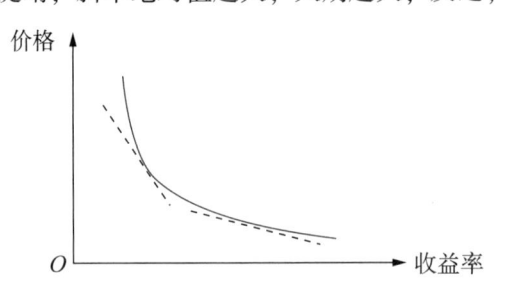

图 52.2 价格–收益率曲线切线示意图

> **备考小贴士**
>
> 本节内容的考查偏重定性与定量相结合的方式。久期属于传统重难点，建议考生深度了解每一个久期的含义，并明确不同久期之间的相互关系。

第二节　凸度

一、综述

> 评估（evaluate）久期的各种局限，并且解释（explain）凸度是如何解决部分局限的（★★★）

根据前文描述，修正久期衡量 YTM 变化对债券价格变化的一阶影响。而凸度则衡量 YTM 变化对债券价格变化的二阶影响。如图 52.3 所示，久期只能反映收益率的微小变化对债券价格变化的线性影响，而当收益率变化较大时，价格-收益率曲线的"凸性"（即二阶的非线性的影响）必须通过凸度来度量，才能更能准确地反映收益率变动对债券价格变动的影响。

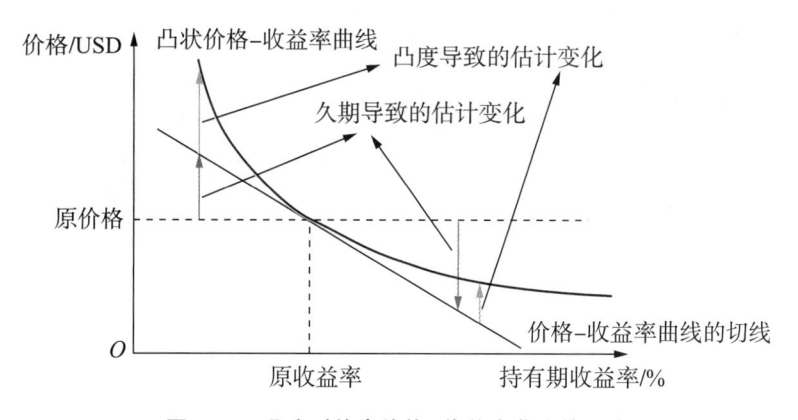

图 52.3　凸度对债券价格-收益率曲线的影响

如果凸度存在，仅使用久期对债券价格变化的估计结果会变得不准确，但是正凸度本身会使债券价格在变化时产生"涨多跌少"的效果，这是投资者非常喜欢的特性。从图 52.3 可以看出，相较于没有凸度的直线，由于曲线凸向原点，所以债券价格在上涨时涨得更多，在价格下跌时跌得更少。

二、麦考利凸度

在连续复利下，结合麦考利凸度（Macaulay convexity，*MacConv*）和麦考利久期能求出债券价格变化的百分比。麦考利凸度定义式如下：

$$MacConv = \frac{\sum_{t=1}^{n} t^2 \times PVCF_t}{\sum_{t=1}^{n} PVCF_t} \tag{52.9}$$

其中，t 为债券现金流的发生时点，$PVCF_t$ 为 t 时间点现金流的现值。

例题 52.5

某债券票息率为 6%，按年付息，距到期时间为 2 年，YTM 为 5%，请计算该债券的麦考利凸度。

名师解析

先计算债券当前的价格（现金流现值之和）：

$$N = 2, \ I/Y = 5, \ PMT = 6, \ FV = 100 \rightarrow CPT \ PV = -101.8594$$

再计算麦考利凸度：

$$MacConv = 1^2 \times \frac{\frac{6}{1+5\%}}{101.8594} + 2^2 \times \frac{\frac{106}{(1+5\%)^2}}{101.8594} = 3.8317$$

三、修正凸度

> 在给定久期、凸度和利率变化的情况下，计算（calculate）债券的价格变化（★★★）
> 解释（explain）固定收益证券组合的有效久期和凸度的计算过程（★★★）

在离散复利下，结合修正凸度（modified convexity）与修正久期能求出债券价格的百分比。修正凸度定义式如下：

$$ModConv = \frac{MacConv}{(1 + y/m)^2} \tag{52.10}$$

其中，y 为债券的收益率，m 为 1 年中的复利频次。

例题 52.6

假设某债券的麦考利凸度为 8.13904，债券每半年付息一次，YTM 为 5.2455%，请计算该债券的修正凸度。

名师解析

该债券的修正凸度为：

$$ModConv = \frac{8.13904}{(1 + 5.2455\%/2)^2} = 7.7283$$

例题 52.7

某债券的修正久期为 31.32，修正凸度为 667。如果收益下降 50 个基点，请估计该债券价格的百分比变化。

名师解析

该债券价格的百分比变化为：

$$\Delta\%P \approx - ModDur \times \Delta y + \frac{1}{2} \times ModConv \times (\Delta y)^2$$

$$= -31.32 \times (-0.0050) + \frac{1}{2} \times 667 \times (-0.0050)^2 = 16.49\%$$

在连续复利下，债券价格的百分比变化为：

$$\Delta\%P \approx - MacDur \times \Delta y + \frac{1}{2} \times MacConv \times (\Delta y)^2$$

债券价格的变化为：

$$\Delta P \approx - MacDur \times P \times \Delta y + \frac{1}{2} \times MacConv \times P \times (\Delta y)^2$$

在离散复利下，债券价格的百分比变化为：

$$\Delta\%P \approx - ModDur \times \Delta y + \frac{1}{2} \times ModConv \times (\Delta y)^2$$

债券价格的变化为：

$$\Delta P \approx - ModDur \times P \times \Delta y + \frac{1}{2} \times ModConv \times P \times (\Delta y)^2$$

四、有效凸度

> 在给定收益率变化量的情况下，定义（define）、计算（calculate）并理解（interpret）固定收益债券的有效凸度及其导致的价格变化（★★★）

结合有效凸度（effective convexity）和有效久期能计算出含权债券的价格的百分比变化。其定义式为：

$$C = \frac{1}{P}\left[\frac{P^+ + P^- - 2P}{(\Delta Curve)^2}\right] \tag{52.11}$$

其中，C 为有效凸度，$\Delta Curve$ 为基准利率平行移动的变化量，P 为基准利率曲线变化前债券的价格，P^+ 为基准利率曲线向上平移 $\Delta Curve$ 后债券的价格，P^- 为基准利率曲线向下平移 $\Delta Curve$ 后债券的价格。

例题 52.8

某债券的面值为 USD 1 000，距离到期 17 年，票息率为 4%，每半年付息一次。债券的初始价格为 USD 867.4808。当基准利率曲线向上平移 5 个基点后，债券价格为 USD 861.4837。当基准利率曲线向下平移 5 个基点后，债券的价格为 USD 873.5338。请计算该债券的有效凸度。

名师解析

该债券的有效凸度为：

$$C = \frac{1}{P}\left[\frac{P^+ + P^- - 2P}{(\Delta Curve)^2}\right] = \frac{873.5338 + 861.4837 - 2 \times 867.4808}{867.4808 \times 0.0005^2} = 257.7579$$

五、负凸度

可赎回债券（callable bond）在收益率低时通常具有负凸度（negative convexity）。如图 52.4 所示，随着收益率降低，债券价格逐渐升高，当债券价格升高到约定的回购价格时，发行人会行使赎回权，所以债券价格不会高于约定的回购价格，只会越来越趋近于回购价格。因此，在低收益率情况下，可赎回债券的价格-收益率曲线相比不含权债券的价格-收益率曲线有所下移，导致凸度发生方向性变化，由正变负，呈现出负凸度。

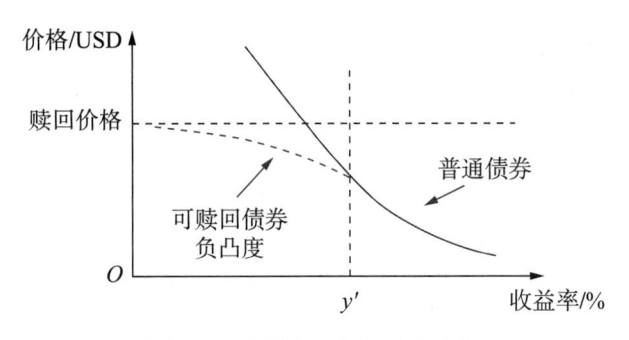

图 52.4　可赎回债券凸度示意图

一个简便的判断正负凸度的方法是：看价格-收益率曲线是否"凸"向原点。如果"凸"向原点则具有正凸度，如果"凹"向原点，则具有负凸度。

如图 52.5 所示，可回售债券（putable bond）通常具有更大的正凸度，特别是当收益率比较高的时候。

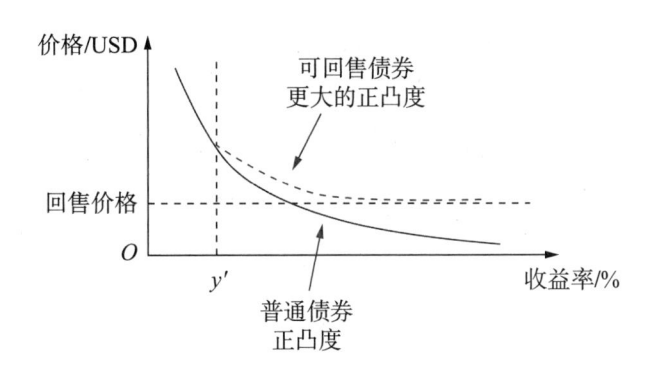

图 52.5　可回售债券凸度示意图

六、组合的久期与凸度

对于一个包含多个债券的组合来说，整个组合的久期和凸度可以通过单个债券的久期和凸度得到。组合的修正久期为单个债券修正久期的加权平均：

$$\text{组合的修正久期} = \sum_{i=1}^{n} w_i \times D_i \qquad (52.12)$$

其中，w_i 为第 i 个债券市场价值占组合整体市场价值的权重，D_i 为第 i 个债券的修正久期。

同样地，组合的修正凸度为单个债券修正凸度的加权平均：

$$\text{组合的修正凸度} = \sum_{i=1}^{n} w_i \times C_i \qquad (52.13)$$

其中，w_i 为第 i 个债券市场价值占组合整体市场价值的权重，C_i 为第 i 个债券的修正凸度。

特别地，整个组合的 $DV01$ 等于单个债券的 $DV01$ 直接相加。这是因为 $DV01$ 是货币值指标，权重已经通过金额体现。

例题 52.9

一个投资组合中含有 3 个债券，分别为债券 A、债券 B 和债券 C。它们的价值、修正久期和修正凸性如表 52.3 所示，请计算该组合的修正久期和修正凸度。

表 52.3　　　　　某投资组合债券信息表

债券	价值/USD	修正久期	修正凸度
A	10	6	200
B	15	8	215
C	25	11	245

名师解析

该投资组合的修正久期和修正凸度的计算过程和结果如表 52.4 所示。

表 52.4　　　　某投资组合修正久期、修正凸度的计算过程和结果

债券	价值/USD	权重	修正久期×权重	修正凸度×权重
A	10	0.2	1.2	40
B	15	0.3	2.4	64.5
C	25	0.5	5.5	122.5
组合	50	—	9.1	227

七、杠铃型与子弹型组合

> 构建（construct）一个杠铃型组合，使其成本和久期与另一个子弹型组合的成本和久期相等，并解释这两种组合的优势和劣势（★★★）

如图 52.6 所示，杠铃型（barbell portfolio）组合包含较多的长期与短期债券，而中期债券较少。

图 52.6　杠铃型组合现金流示意图

如图 52.7 所示，子弹型（bullet portfolio）组合集中于中期债券。

图 52.7　子弹型组合现金流示意图

当两个组合久期相同时，现金流越离散的组合凸度越大。所以，当久期相同时，杠铃型组合具有更大的凸度。

例题 52.10

市场中现有 3 个半年付息债券，其市场信息如表 52.5 所示。某基金经理已经购买了 USD 1 million 的债券 B。如何通过债券 A 和债券 C 构建一个组合，使其具有与单独持有债券 B 时相同的成本和修正久期。

表 52.5　　　　　　　　　债券市场信息表

债券	票息率	期限/年	价格/USD	收益率	修正久期	凸度
A	2%	5	95.3889	3%	4.7060	25.16
B	4%	10	100	4%	8.1755	79

(续表)

债券	票息率	期限/年	价格/USD	收益率	修正久期	凸度
C	6%	30	115.4543	5%	14.9120	331.73

名师解析

令 V_A 为债券 A 的价值，V_C 为债券 C 的价值，则有：

$$V_A + V_C = \text{USD 1 million}$$

$$\frac{V_A}{1\text{ million}} \times 4.7060 + \frac{V_C}{1\text{ million}} \times 14.9120 = 8.1755$$

可得 V_A = USD 0.66 million，V_C = USD 0.34 million。

该组合应包含 66 万美元的债券 A 和 34 万美元的债券 C。

此时该杠铃型组合的凸度大于子弹型债券 B 组合的凸度。

$$Conv_{A+C} = 0.66 \times 25.16 + 0.34 \times 331.73 = 129.39 > 79$$

当基准利率曲线发生平行移动时，凸度"涨多跌少"的性质将会使杠铃型的组合表现更好。而当基准利率曲线发生非平行移动时，子弹型组合可能表现更好。例如，长短期利率发生变化，而中期利率保持不变，可能会导致子弹型组合价值不变，而杠铃型组合价值变低。

备考小贴士

本节内容偏重定性与定量相结合的考查。考生需要了解并计算凸度是如何补充久期，更好地估计债券价格变化的；了解凸度的特点、杠铃型策略和子弹型策略的特点及构造。

第三节　对冲

在给定 $DV01$ 时，计算（calculate）对冲期权头寸风险所需要的对冲债券价值（★★★）
描述（describe）基于有效久期和凸度进行对冲的例子（★★★）

一、基于久期的对冲

久期是债券价格对于利率变化的敏感程度的指标,利用对冲工具使整个组合的久期为零,便能起到风险对冲的效果。此时,当利率发生小幅变化的时候,债券组合的价值将保持不变。

例题 52.11

某投资经理持有一个 10 年期的美国国债,其 $DV01$ 为 0.165。该经理想要使用某美国国债期货作为对冲工具,一份合约的 $DV01$ 为 0.123。请问如何进行交易,可以使收益率发生小幅变化时组合的价值不变?

名师解析

令对冲工具的份数为 N,则:

$$原资产的 DV01 + N \times 对冲工具的 DV01 = 0$$

代入已知条件,解得 $N=-1.3415$,则投资经理应当做空 1.3415 份美国国债期货。

二、基于久期与凸度的对冲

当利率发生较大幅度变化的时候,仅使用久期的对冲效果将会变差。此时,可以利用对冲工具使整个组合的久期和凸度等于零的方式对冲风险。需注意的是,如果利率期限结构发生非平行移动,组合依旧会面临风险。

例题 52.12

投资者现有头寸价值 20 000 美元,组合的久期为 7,凸度为 33。现有两个债券可作为对冲工具。债券 A 的久期为 10,凸度为 80。债券 B 的久期为 6,凸度为 25。请问如何设置对冲策略,可以使组合整体风险得以对冲?

名师解析

考生应注意,在考试中,如果没有额外说明,则"久期"默认指代修正久期,"凸度"默认指代修正凸度。

令 P_A 为债券 A 的价值，P_B 为债券 B 的价值，则：

$$10 P_A + 6 P_B + 20\,000 \times 7 = 0$$

$$80 P_A + 25 P_B + 20\,000 \times 33 = 0$$

解出 $P_A = -2\,000$，$P_B = -20\,000$。

该投资者应当持有 2 000 美元的债券 A 空头头寸与 20 000 美元的债券 B 空头头寸。

备考小贴士

本节内容偏重定量考查。考生需要能够计算对冲份数或对冲金额，这是重点考点。

第五十三章

对期限结构的非平行移动建模和对冲

知识引导

上一章中，在研究债券价格对利率变化的敏感程度时，为了简化情形，基准利率曲线被假设是平行移动的，这样便可以使用单一风险因子描述整个期限结构的变化。而在实际市场中，期限结构往往是非平行移动的，这就使对风险进行度量和对冲的情形非常复杂。现实的方法是采用"抓大放小"的核心思想，聚焦关键利率，并度量债券价格对关键利率变化的敏感程度，这样便能在最大程度上管理好利率风险。本章内容也将围绕这个核心主线展开。

考点聚焦

在本章中，考生需要了解主成分分析的逻辑，能读懂因子载荷；计算关键利率基点价值；了解关键利率的分析方式；能够计算远期局部基点价值以及对应配套的久期。

本章框架图

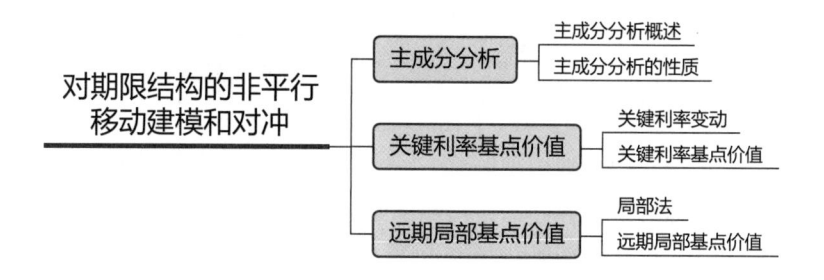

```
                              ┌─ 主成分分析概述
                    主成分分析 ─┤
                              └─ 主成分分析的性质
对期限结构的非平行              ┌─ 关键利率变动
移动建模和对冲  ── 关键利率基点价值 ─┤
                              └─ 关键利率基点价值
                              ┌─ 局部法
                    远期局部基点价值 ─┤
                              └─ 远期局部基点价值
```

第一节 主成分分析

一、主成分分析概述

> 描述（describe）主成分分析并解释（explain）它在理解期限结构移动中的作用（★）

简单来说，主成分分析（principal components analysis）是一种统计方法，这个方法试图寻找某个期限利率的影响因子，这些因子具有互不相关（uncorrelated）的特点，并且通过这些因子的线性组合，可以得到某个期限的利率的变化量：

$$\Delta r_j = \sum_{i=1}^{8} a_i f_{ij} = a_1 f_{1j} + a_2 f_{2j} + \cdots + a_8 f_{8j} \tag{53.1}$$

式（53.1）即主成分分析的定义式。其中，Δr_j 代表期限为 j 的利率的变化量；a_i 被称为因子得分（factor score），指第 i 个因子的变化量；f_{ij} 被称为因子载荷（factor loading），指期限为 j 的利率对第 i 个因子变化的敏感程度（类似于多因子模型中的 beta）。

主成分分析以市场变量的历史变化数据为依据，试图从中找出解释这些变化的主要成分或因素。具体方法是通过正交变换将一组可能存在线性相关性的变量转换为一组线性不相关的变量，转换后的这组变量被称为主成分。

例如，常见的美国国债的期限为 1、2、3、5、7、10、20、30 年期。如表 53.1 所示，对于这八种期限的美国国债的收益率，我们可以尝试将它们的变动归因于 8 个因子的变动，并通过一段时间的市场数据计算出各因子的因子载荷。

表 53.1　　　　　　　2008—2017 年美国国债利率的因子载荷[1]

利率	因子1	因子2	因子3	因子4	因子5	因子6	因子7	因子8
1 年期	-0.13	0.38	0.78	-0.48	-0.01	0	-0.02	-0.01
2 年期	-0.26	0.49	0.08	0.58	0.59	0	0.03	0
3 年期	-0.33	0.43	-0.12	0.24	-0.73	-0.29	0.15	0.06

---

[1] 数据来源：J. Hull, "Risk Management and Financial Institutions", fifth edition, Wiley。

(续表)

利率	因子1	因子2	因子3	因子4	因子5	因子6	因子7	因子8
5年期	-0.41	0.2	-0.32	-0.22	-0.07	0.57	-0.55	-0.1
7年期	-0.43	-0.01	-0.29	-0.4	0.22	0.1	0.71	0.11
10年期	-0.41	-0.19	-0.1	-0.2	0.21	-0.71	-0.34	-0.28
20年期	-0.39	-0.4	0.23	0.16	-0.02	0.02	-0.17	0.76
30年期	-0.37	-0.44	0.35	0.32	-0.16	0.28	0.19	-0.56

例题53.1

根据表53.1中的数据，如果因子1和因子2发生1基点的变化，5年期利率和10年期利率会分别变化多少？

名师解析

根据主成分分析定义可以列式：

$$\Delta r_{5yr} = (-0.41) \times 1 + 0.2 \times 1 = -0.21$$

$$\Delta r_{10yr} = (-0.41) \times 1 + (-0.19) \times 1 = -0.6$$

即5年期利率会下跌0.21个基点，10年期利率会下跌0.6个基点。

二、主成分分析的性质

如表53.2所示，我们可以计算出各因子得分的标准差，而因子的重要程度可以通过因子得分的标准差来度量。

表53.2　2008—2017年美国国债因子的因子得分标准差

因子	因子1	因子2	因子3	因子4	因子5	因子6	因子7	因子8
因子得分标准差	14.2	4.91	2.44	1.59	1.09	0.85	0.78	0.68

由于因子间互不相关，各因子之间的协方差为0。

因此利率变化的方差等于各因子方差之和：

$$14.2^2 + 4.91^2 + \cdots + 0.68^2 = 235.77$$

因子1得分的方差与总方差的比值为 $\dfrac{14.2^2}{235.77} \times 100\% = 85.52\%$，可以解读为因

子 1 影响了 85.52% 的利率波动。因此因子 1 也被认为是最重要的，被称为第一主成分因子。

按此方法计算，因子 1 和因子 2 的方差共占总方差的 95.14%，前三个因子的方差和占总方差的 98%。所以前三个因子的变动解释了大部分的利率波动。

我们在进行主成分分析的过程中，发现前三个因子具有如下性质：因子 1 体现的是期限结构平行移动（parallel shift）的程度；因子 2 体现的是期限结构变得更陡峭或者更平缓（steepening or flattening）的程度；因子 3 体现的是期限结构弯曲弓伸（bowing）的程度。

> **备考小贴士**
>
> 本节内容偏重定性考查。考生需要了解主成分分析的逻辑，能读懂因子载荷的含义。

第二节　关键利率基点价值

一、关键利率变动

描述（describe）关键利率变动的分析（★★）

关键利率变动（key rate shifts）是一种利率期限结构非平行移动的假设。在该假设下，整个利率期限结构的变化都是由几个关键利率的变化所带动的。并且，关键利率对周围期限的利率影响是线性递减的，至毗邻的另一个关键利率处影响减为零。假设我们选择 2 年、5 年和 10 年期利率作为关键利率，其影响如图 53.1 所示。例如，5 年期的关键利率上涨 1 个基点，会对周围的非关键利率产生影响，比如将会使 4 年期的利率上涨 2/3 个基点，而其变化对毗邻的 2 年期关键利率没有影响。

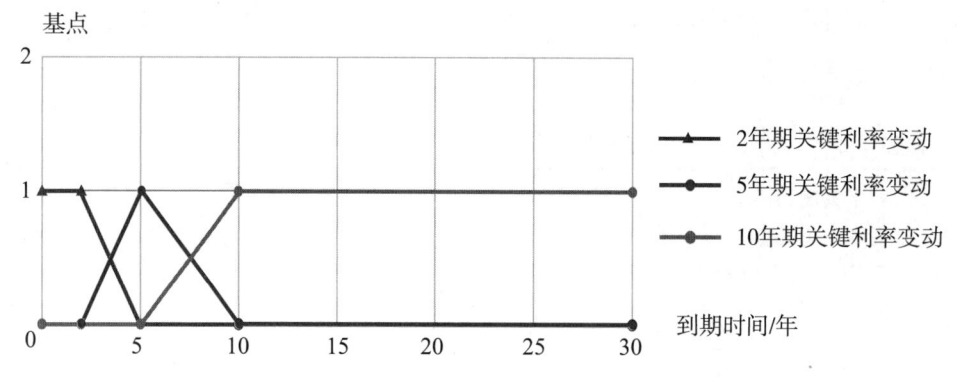

图 53.1 关键利率变动 1 个基点的影响示意图

二、关键利率基点价值

> 定义（define）关键利率敞口并知晓（know）包括偏基点价值和局部远期基点价值的关键利率敞口因子的特征（★★）
>
> 定义（define）、计算（calculate）并理解（interpret）关键利率基点值和关键利率久期（★★）

1. 定义

关键利率基点价值（key rate 01，$KR01$）又称偏基点价值（partial 01）是当某个关键利率变化 1 个基点时，债券价格的变化量。

2. 与 $DV01$ 的联系

当每个关键利率所对应的 $KR01$ 相加时，便等于我们先前学过的基点价值（$DV01$）。

下文我们通过一个例子说明。

某组合投资包含 1 年期、3 年期、5 年期、9 年期和 15 年期的零息债券。不同的即期利率变化 1 个基点对组合价值的影响如表 53.3 所示。

表 53.3 即期利率增加 1 个基点时对应的组合价值变化

即期利率期限	1 年	3 年	5 年	9 年	15 年
组合价值的减少/USD	95.62	270.26	424.35	677.93	944.75

根据前述关键利率变动假设，在关键利率发生变动时，其变化对其他即期利率的影响如表53.4所示。

表53.4　　关键利率变化对其他即期利率的影响

如下关键利率变动1个基点	即期利率变动基点值				
	1年期	3年期	5年期	9年期	15年期
2年期	1	0.667	0	0	0
5年期	0	0.333	1	0.2	0
10年期	0	0	0	0.8	1

根据表53.3和表53.4的数据，可以计算出关键利率基点价值，如表53.5所示。

表53.5　　关键利率基点价值的计算过程

关键利率	组合中零息债券的货币值变化/USD					合计
	1年	3年	5年	9年	15年	
$KR01_{2yr}$	95.6	180.3	0.0	0.0	0.0	275.9
$KR01_{5yr}$	0.0	90.0	424.4	135.6	0.0	649.9
$KR01_{10yr}$	0.0	0.0	0.0	542.3	944.8	1487.1

因此：

$$KR01_{2yr} = \text{USD } 275.9$$

$$KR01_{5yr} = \text{USD } 649.9$$

$$KR01_{10yr} = \text{USD } 1\,487.1$$

利用表51.3的数据，基点价值为：

$DV01 = 95.62 + 270.26 + 424.35 + 677.93 + 944.75 = \text{USD } 2\,412.9$

同时，所有$KR01$之和为：

$KR01_{2yr} + KR01_{5yr} + KR01_{10yr} = 275.9 + 649.9 + 1\,487.1 = \text{USD } 2\,412.9$

即可验证$DV01$等于所有$KR01$的加总值这一结论。

3. 运用于风险对冲

> 描述（describe）关键利率敞口在多因子对冲中的运用，归纳（summarize）它的优势和劣势（★）
>
> 计算（calculate）一个债券的关键利率敞口和根据特定的关键利率敞口情况计算（compute）适当的对冲头寸（★★）

在使用关键利率基点价值进行对冲时，如果组合存在 n 个关键利率风险敞口，那么便需要 n 种对冲工具来对冲。

例如，假设某组合及对冲工具 A、B、C 的关键利率基点价值如表 53.6 所示。

表 53.6　　　　　某组合和对冲工具的关键利率基点值

关键利率基点值	组合	对冲工具		
		A	B	C
$KR01_{2yr}$	126	20	3	3
$KR01_{5yr}$	238	2	22	4
$KR01_{10yr}$	385	1	4	25

为达到风险的对冲，假设需要 x_1 份的工具 A、x_2 份的工具 B、x_3 份的工具 C。则有：

$$126 + 20x_1 + 3x_2 + 3x_3 = 0$$
$$238 + 2x_1 + 22x_2 + 4x_3 = 0$$
$$385 + x_1 + 4x_2 + 25x_3 = 0$$

最终解出 $x_1 = -3$，$x_2 = -8$，$x_3 = -14$。

所以持有 3 份工具 A、8 份工具 B 和 14 份工具 C 的空头头寸，可以达到对冲关键利率风险的目的，即当 3 个关键利率发生一定变化时，组合价值将保持不变。

4. 组合的风险

> 运用（apply）关键利率和多因素分析来估计投资组合的波动率（★）

通常情况下，银行的监管者会要求各个银行在分析组合的时候要考虑 10 个不同的 $KR01$，对应期限分别为 3 个月、6 个月、1 年、2 年、3 年、5 年、10 年、15 年、20 年和 30 年的即期利率。当然，出于成本考虑，银行在对冲的时候也不会把所有 $KR01$ 都对冲到 0，而是会根据各 $KR01$ 之间的相关性，尽量调整组合，以降低组合价值的标准差。

如果关键利率选择的是上述 10 个，那么组合在 1 天内的价值标准差为：

$$\sigma_P = \sqrt{\sum_{i=1}^{10} \sum_{j=1}^{10} \rho_{i,j}\, \sigma_i\, \sigma_j\, KR01_i\, KR01_j} \tag{53.2}$$

其中，σ_i 为 1 天内第 i 个关键利率变动的标准差，$\rho_{i,j}$ 为第 i 个和第 j 个关键利率变动的相关系数。

如果没有选择 10 个关键利率，而是认为组合的价值由 i 种期限结构变动方式所影响，则组合 1 天内的价值的标准差为：

$$\sigma_P = \sqrt{\sum_{i=1}^{n}\sum_{j=1}^{n} \rho_{i,j}\, \sigma_i\, \sigma_j\, w_i\, w_j} \quad (53.3)$$

其中，w_i 为第 i 种期限结构变动方式的风险敞口，σ_i 为第 i 种期限结构变动方式的标准差，$\rho_{i,j}$ 为第 i 种和第 j 种期限结构变动方式的相关系数。

类似地，借助前文的主成分分析的原理，如果我们认为组合的价值受多个因子影响，且前三个因子决定绝大部分的组合价值变动，加之因子之间的相关性为零，则组合价值的标准差公式可以简化为式（53.4）：

$$\sigma_P = \sqrt{\sigma_1^2 f_1^2 + \sigma_2^2 f_2^2 + \sigma_3^2 f_3^2} \quad (53.4)$$

其中，σ_i 为第 i 个因子得分的标准差，f_i 为第 i 个因子变化 1 个基点对组合价值的影响。

例题 53.2

假如组合价值只受 5 年期利率和 10 年期利率变化的影响，并且 5 年期利率上升 1 个基点，组合价值会增加 USD 50，而 10 年期利率增加 1 个基点，组合价值会减少 USD 100。前三个因子载荷如表 53.7 所示。请问组合对于前两个因子的风险敞口是多少？假设因子 1 和因子 2 的日标准差分别为 14.15 和 4.91，请计算组合的日标准差。

表 53.7　　　　　　　　　　前三个因子载荷

利率	因子 1	因子 2	因子 3
5 年期	−0.41	0.20	−0.32
10 年期	−0.41	−0.19	−0.10

名师解析

组合对于某因子的风险敞口即为该因子增加一个单位带来的组合价值的变化。

若因子 1 增加一个单位，则 5 年期利率减少 0.41 个基点，10 年期的利率减少 0.41 个基点，此时组合价值变动如下：

$$50 \times (-0.41) + (-100) \times (-0.41) = \text{USD } 20.5$$

若因子 2 增加一个单位，则 5 年期利率增加 0.2 个基点，10 年期的利率减少 0.19 个基点，此时组合价值变动如下：

$$50 \times 0.20 + (-100) \times (-0.19) = USD\ 29.0$$

把因子 1 和 2 的标准差代入式（53.4）即可算出组合价值的日标准差：

$$\sigma_P = \sqrt{14.15^2 \times 20.5^2 + 4.91^2 \times 29^2} = USD\ 323.14$$

5. 平价利率的使用

除了使用即期利率定义关键利率变动，实际交易中也经常使用平价利率定义关键利率变动。这是因为平价政府债券的交易非常活跃，使用这些债券所隐含的平价利率，能帮助我们及时地计算出达到风险对冲所需要的对冲工具头寸。

> **备考小贴士**
>
> 本节内容注重定性与定量相结合的考查方式。考生需能计算 $KR01$；了解关键利率的分析方式。

第三节 远期局部基点价值

一、局部法

局部法（bucketing approach），也是一种研究利率期限结构变化的方法。它首先将利率的期限结构划分为不同的部分，每一个部分被称为一个局部（bucket），而一个局部内利率的变化量是相同的。据此，我们便可以计算当某个局部内的利率共同变化时，组合价值的变化量。例如，如图 53.2、图 53.3、图 53.4 所示，我们可以把利率划分为 0~2 年、2~10 年、10 年以上 3 个局部。每一个局部进行局部移动（bucket shift）后，对应组合价值的变化量被称为局部基点价值（bucket01，$B01$）。具体地，这 3 个局部所对应的基点价值可以命名为 $B01_{0\sim2yr}$、$B01_{2\sim10yr}$ 和 $B01_{10\sim30yr}$。这几个局部基点价值和 $DV01$ 的关系可以表示为式（53.5）：

$$DV01 = B01_{0\sim 2yr} + B01_{2\sim 10yr} + B01_{10\sim 30yr} \qquad (53.5)$$

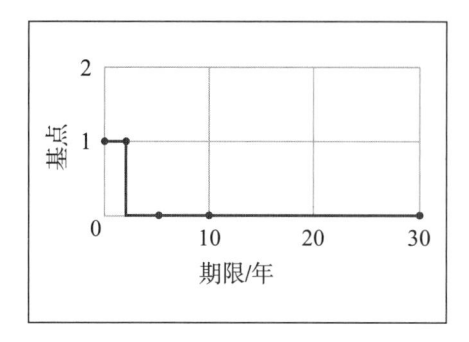

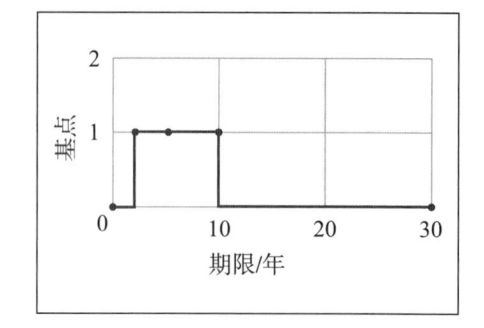

图 53.2　0~2 年局部利率变动示意图

图 53.3　2~10 年局部利率变动示意图

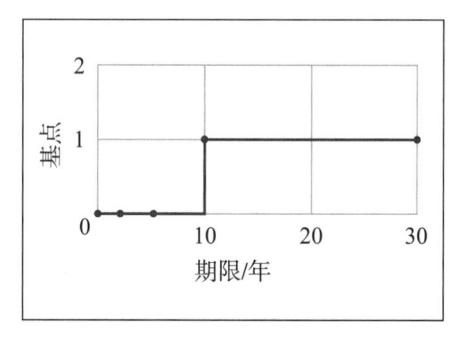

图 53.4　10 年以上局部利率变动示意图

二、远期局部基点价值

> 联系（relate）关键利率、关键利率基点价值和远期局部基点价值，并计算（calculate）当一个或多个局部利率发生变化时的局部远期基点价值（★）

1. 定义与计算

远期局部基点价值（forward bucket 01）指的是基于局部法将远期利率期限结构划分为不同的局部，当远期局部变动 1 个基点时，组合价值的变化。

远期局部基点价值的计算，我们通过一个例子来说明。

例题 53.3

现有一个投资组合仅包含一支债券，期限为 2 年，面值为 USD 100，票息率为 6%，半年付息一次。假设利率的期限结构是平坦的，且不同期限利率均等于 4%。现将远期利率分为 0~1 年和 1~2 年两个局部，请计算每个局部的基点价值。

名师解析

期限结构变化前的组合价值为：

$$\frac{3}{\left(1+\frac{4\%}{2}\right)}+\frac{3}{\left(1+\frac{4\%}{2}\right)^2}+\frac{3}{\left(1+\frac{4\%}{2}\right)^3}+\frac{103}{\left(1+\frac{4\%}{2}\right)^4}=\text{USD }103.8077$$

0~1 远期局部上升 1 个基点后的组合价值为：

$$\frac{3}{\left(1+\frac{4\%+0.01\%}{2}\right)}+\frac{3}{\left(1+\frac{4\%+0.01\%}{2}\right)^2}+\frac{3}{\left(1+\frac{4\%+0.01\%}{2}\right)^2\left(1+\frac{4\%}{2}\right)}$$

$$+\frac{103}{\left(1+\frac{4\%+0.01\%}{2}\right)^2\left(1+\frac{4\%}{2}\right)^2}=\text{USD }103.7977$$

则 0~1 年远期局部基点价值为：

$$\text{远期局部}01_{0\sim1\text{年}} = 103.8077 - 103.7977 = \text{USD }0.01$$

1~2 年远期局部上升 1 个基点后的组合价值为：

$$\frac{3}{\left(1+\frac{4\%}{2}\right)}+\frac{3}{\left(1+\frac{4\%}{2}\right)^2}+\frac{3}{\left(1+\frac{4\%}{2}\right)^2\left(1+\frac{4\%+0.01\%}{2}\right)}$$

$$+\frac{103}{\left(1+\frac{4\%}{2}\right)^2\left(1+\frac{4\%+0.01\%}{2}\right)^2}=\text{USD }103.7983$$

则 1~2 年远期局部基点价值为：

$$\text{远期局部}01_{1\sim2\text{年}} = 103.8077 - 103.7983 = \text{USD }0.0094$$

2. 与久期的换算关系

如式（53.6）所示，DV01 和修正久期可以进行换算。类似地，任意一种基点价值（01 measures），比如 key rate 01，forward bucket 01，都可以与对应久期进行换算，如式（53.7）所示。

$$DV01 = \frac{\text{美元久期}}{10\ 000} = \frac{\text{修正久期} \times \text{组合价值}}{10\ 000} \quad (53.6)$$

$$01\text{Measures} = \frac{\text{对应久期} \times \text{组合价值}}{10\ 000} \quad (53.7)$$

例题 53.4

接例题 53.3，组合的价值为 103.8077 美元，若远期局部 $01_{0\sim1\text{年}} = 0.01$，请计算远期 0~1 年局部所对应的久期。

名师解析

$$\text{远期局部}\ 01_{0\sim1\text{年}} = \frac{\text{远期局部久期} \times \text{组合价值}}{10\ 000}$$

$$0.01 = \frac{\text{远期局部久期} \times 103.8077}{10\ 000}$$

解出 0~1 年局部对应的远期局部久期为 0.96。

备考小贴士

本部分着重定量考查。考生需能计算远期局部基点价值及对应的久期。

第五十四章

住房抵押贷款和住房抵押贷款支持证券

知识引导

资产支持证券（ABS）是固定收益市场的重要组成部分，在美国，以住房抵押贷款为基础资产的证券化产品是其中体量最大的一种产品。本章从住房抵押贷款的介绍入手，阐述证券化流程，并对资产支持证券的估值与定价进行介绍，分析影响其价格的重要因素。由于住房抵押贷款往往具有提前还款权，因此我们对其估值定价时也需要充分考虑提前还款带来的影响。由于提前还款具有诸多不确定性，借助蒙特卡洛模拟法帮助研究是一种有效的手段，因此我们也会对这种方法进行一定介绍。

考点聚焦

从住房抵押贷款到住房抵押贷款支持证券，考生需要了解资产支持证券的产生以及这类工具的相关特征（提前还款权、资产池、平均利息率等）。在证券化的内容中，需要格外重视证券化过程与一些重要的资产支持证券类别。此外，需要进一步了解提前还款模型、固定利率转手证券的交易方式及美元滚动交易。最后，我们将学习资产支持证券的估值与定价。本章内容的专业性相对较强，而且普遍以美国市场为蓝本，因此生词较多，难度较大。多数考生在初次接触时会感觉一头雾水，需要反复学习强化，才能全面掌握。

本章框架图

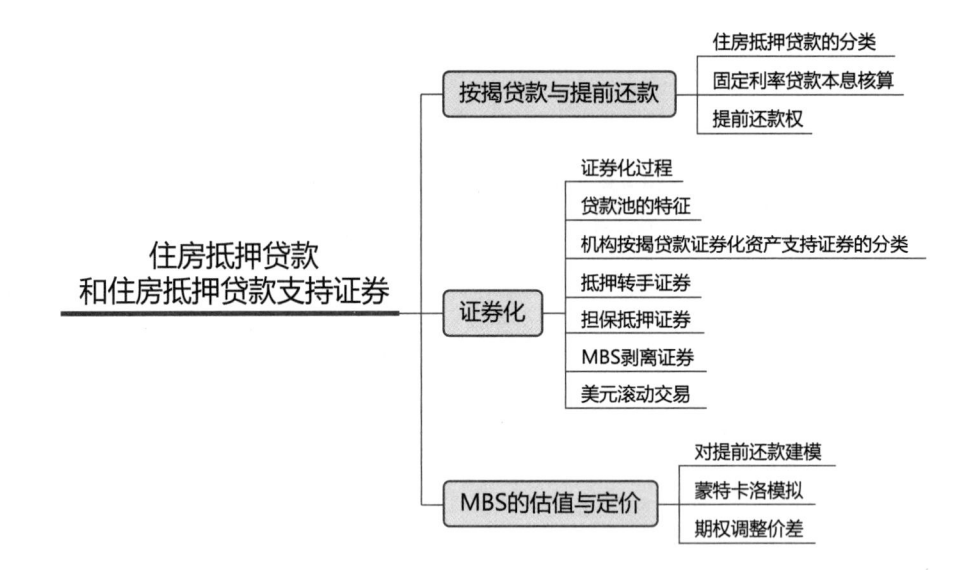

```
                                            ┌── 住房抵押贷款的分类
                        ┌── 按揭贷款与提前还款 ┼── 固定利率贷款本息核算
                        │                    └── 提前还款权
                        │
                        │                    ┌── 证券化过程
                        │                    ├── 贷款池的特征
住房抵押贷款              │                    ├── 机构按揭贷款证券化资产支持证券的分类
和住房抵押贷款支持证券 ────┼── 证券化 ─────────┼── 抵押转手证券
                        │                    ├── 担保抵押证券
                        │                    ├── MBS剥离证券
                        │                    └── 美元滚动交易
                        │
                        │                    ┌── 对提前还款建模
                        └── MBS的估值与定价 ──┼── 蒙特卡洛模拟
                                             └── 期权调整价差
```

第一节　按揭贷款与提前还款

一、住房抵押贷款的分类

> 描述（describe）不同种类的居民住房抵押贷款产品（★★）

住房抵押贷款（mortgage）又称按揭贷款。在美国，以住房作为抵押品的贷款占总的抵押贷款份额的80%左右。

根据利率的特征，可以将按揭贷款分为可调利率按揭贷款（adjustable-rate mortgages）和固定利率按揭贷款（fixed-rate mortgages）。顾名思义，可调利率按揭贷款的利率是浮动的，通常表示为"基准利率+利差"的形式，当基准利率发生变化时，按揭贷款的利率会对应调整。固定利率按揭贷款的利率是固定不变的，而银行往往会赋予借款人一个提前还款权（prepayment option），借款人可以在按揭贷款到期前，提前偿还贷款。当市场利率下跌时，借款人更有可能行使提前还款权，提前还款后，可以更低的利率进行再借款（refinancing）。

在美国，如果贷款能同时满足贷款最大限额、最低首付比例以及提供必要文件（如提供财产证明或收入证明）的要求，即符合美国三大住房贷款机构（房利美、房地美和吉利美）的相关标准。这类贷款称为标准贷款（conforming loan）或机构贷款（agency loan）。三大住房贷款机构以这些标准贷款作为资产池，进而发行住房抵押贷款支持证券（mortgage-backed securities，MBS），或称为机构住房抵押贷款支持证券（agency MBS）。由于进入资产池的贷款本身的违约风险较低，所以生成的MBS也具有低违约风险的特征。

相应地，那些不满足相关标准的贷款，则被称为非标准贷款（non-conforming loan）或非机构贷款（non-agency loan）。这类贷款往往构成三大机构以外的私人机构所发行的按揭贷款支持证券的基础资产。这些贷款或许额度超过限额，或许在某一个或几个方面未能符合三大住房贷款机构的标准。因此，以此类相对高违约风险的贷款作为资产池生成的 MBS 往往也具有更高的违约风险。

如表 54.1 所示，我们可以把 MBS 根据其发行人分成两大类：机构 MBS 和非机构 MBS。

表 54.1　　　　　　　　　　MBS 按发行人分类

分类	发行主体	
机构 MBS	政府相关机构	政府支持的企业：房利美、房地美
		联邦机构：吉利美
非机构 MBS	私人机构	如高盛、摩根、野村等

二、固定利率贷款本息核算

> 计算（calculate）固定利率按揭贷款还款额及其中属于归还本金、利息的部分（★★）

按揭贷款还款模式中，最常见的一类就是等额本息还款模式（fixed-rate and fully amortized mortgage loans），即如果不提前还款也不发生违约时，能够以相等数额支付每月的还款（即我国俗称的"月供"）即可。每月还款额的计算，可以利用金融计算器中"知四求一"的算法。我们通过一道例题进行说明。

例题 54.1

冯老师贷款 1 000 万元购买了陆家嘴某小区高层住宅一套。按照上海农商银行的贷款合同，这笔贷款为 30 年等额本息贷款，年利率为 3.6%。请问冯老师的月还款额是多少？第一个月的还款额中，本金和利息各是多少？

名师解析

房贷属于按月还款模式，并需要在到期时全部还清。根据题设，该笔贷款对应的已知条件如下（注意将年化利率、期限转化为月份）：

PV = 10 000 000，FV = 0，I/Y = 3.6/12 = 0.3，N = 30×12 = 360

由此可得：PMT = -45 464.54（这里的负号代表支出、符合语境）

因此，冯老师的月还款额是 45 464.54 元。

其中，第一个月还款之前，剩余未偿还本金为1 000万元，则对应的利息为：

$$10\ 000\ 000 \times 0.3\% = 30\ 000(元)$$

还款额中，支付了利息之后的金额，便会偿还本金。因此，第一个月的还款额中，本金偿还额度为：

$$45\ 464.54 - 30\ 000 = 15\ 464.54(元)$$

例题54.1的第一个月的还款中，本金和利息各是多少？我们可以借助金融计算器计算。在运用金融计算器得出每个月的月还款额之后，实施以下步骤：

按键步骤	屏幕显示
(1) [2ND] [PV]	P1 = 1
(2) [1] [ENTER]	P1 = 1 （初始月份，比如题目问的是第一个月就输入1）
(3) [↓]	P2 = 1
(4) [1] [ENTER]	P2 = 1 （结束月份，比如题目问的第一个月就输入1）
(5) [↓]	BAL = 9 984 535.465 （第一个月末剩余未还本金）
(6) [↓]	PRN = −15 464.53502 （第一个月偿还的本金）
(7) [↓]	INT = −30 000 （第一个月偿还的利息）

三、提前还款权

> 描述（describe）按揭贷款提前还款权（★）

按照美国市场惯例，按揭贷款是固定利率贷款，借款人拥有提前偿还贷款的权利。

在例题54.1中，冯老师的每月还款额为45 464.54元，但如果冯老师因彩票中奖获得一大笔资金，他可以选择一次性全部还清贷款，或者提前归还部分本金。这种提前还款的权利类似于可赎回债券发行人拥有的提前赎回权，在利率下降时，这种权利的价值就会增加。

承接例题54.1，假若市场利率下降到0.6%，冯老师选择一次性还清之前的贷款，并采用新的年利率0.6%再次贷款。此时，每月还款额能从之前的45 464.54元下降到30 359.66元，月节余15 104.88元（考生可将此作为练习自行计算）。集腋成裘，这种还款总额的下降相当可观，故而利率下跌，尤其大幅度下跌时，借款人往往会选择提前还款并以更低的市场利率再融资。

> **备考小贴士**
>
> 本节内容偏重定性与定量结合的考查。考生需要掌握每月月供的计算。

第二节　证券化

一、证券化过程

概括（summarize）按揭贷款资产证券化流程（★★）

在银行的资产负债表上，住房抵押贷款属于资产类，可在未来产生现金流流入（借款人向银行归还的利息和本金）。因此，此类资产非常适合作为资产证券化的标的资产。证券化具体步骤如下。

第一步，购房人向房企购买房产，但由于自有资金不足，故向银行举借资金。银行放款后，形成对购房人的债权，在日后有权利收取这笔贷款的本金和利息。

第二步，银行将房贷卖给某特殊目的机构（SPV），特殊目的机构将房贷的现值以现金形式支付给银行。

第三步，特殊目的机构把许多房贷汇集在一起，形成一个资产池（mortgage pool），以此资产池作为基础资产，发行MBS。其他投资人则向特殊目的机构购买MBS份额，见图54.1。

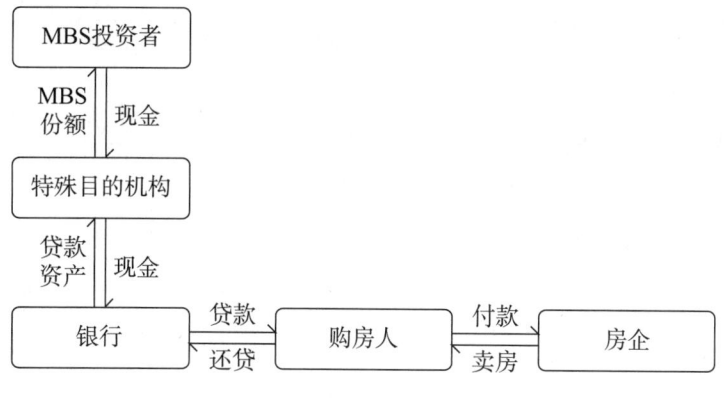

図54.1 资产证券化过程

经过以上三步，按揭贷款即被构造成为一种特殊的证券化资产——住房抵押贷款支持证券（mortgage-backed security，以下简称 MBS）。证券化后，当借款人未来归还房贷的本金和利息时，这些现金流就会直接进入特殊目的机构。随后，特殊目的机构会按照投资者持有的 MBS 份额进行分配。

此外，如图 54.2 所示，由于银行已经把贷款资产卖给了特殊目的机构，这些贷款产生的现金流，从此完全和银行脱离关系。无论银行是否破产，都不会影响到 MBS 投资人获得现金流偿付的能力。

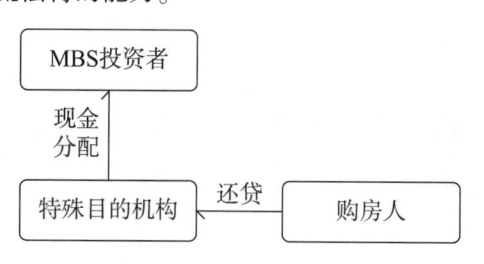

图 54.2 证券化后的现金流

换言之，特殊目的机构（SPV）具备破产隔离（bankruptcy remote）的优势。所谓破产隔离，是指即便银行破产，仍不会影响到 MBS 投资人获得现金流的能力。

银行为什么要将房贷出售给 SPV 呢？按揭贷款资产证券化的本质是银行将流动性差的资产（房贷）出售给 SPV，SPV 将资产转化为流动性比较好的证券化产品进行出售。实际上银行作为资产证券化过程的发起人，它的主要目的是解决银行"短存长贷"的资金期限错配的问题。对于银行而言，储户的存款期限都是比较短的，定期存款的期限最多也就是 5 年，但是房贷的期限长达几十年，二者之间存在一个期限错配的问题。因此，对于银行来说，将缺乏流动性的资产提前变现，可以解决流动性风险的问题。

二、贷款池的特征

资产证券化的过程中，银行把贷款资产卖给了特殊目的机构，这里的贷款资产往往是以贷款池的形式存在，贷款池是由成千上万笔贷款组合而成，因此需要对贷款池的一些特征进行描述，这里主要涉及加权平均票息率、加权平均到期时间和提前还款率三个特征指标。

1. 加权平均票息率与加权平均到期时间

> 计算（calculate）一个抵押贷款池的加权平均票息率、加权平均到期时间（★★）

如表 54.2 所示，关于贷款池的特征中有一些非常重要的专业术语，需要我们特别留意。其中，加权平均票息率（weighted average coupon rate，WAC）和加权平均到期时间（weighted average maturity，WAM）计算中用到的权重均为每笔房贷的价值除以所有房贷的价值。

表 54.2　　　　　　　　　　贷款池的相关术语

术语	解析
加权平均票息率 （Weighted average coupon rate，WAC）	资产池里所有房贷利率的加权平均值
加权平均到期时间 （Weighted average maturity，WAM）	资产池里所有房贷的剩余到期时间加权平均值

例题 54.2

假定某 MBS 的资产池由 4 笔房贷构成，它们的特征如表 54.3 所示，计算其 WAC、WAM。

表 54.3　　　　　　　　　　4 笔房贷的信息表

	贷款利率/%	资产价值/ Million USD	剩余到期月份/ Month
1	2	1.5	300

（续表）

	贷款利率/%	资产价值/ Million USD	剩余到期月份/ Month
2	3	0.8	250
3	3	1.2	100
4	4	1.0	200

名师解析

WAC 与 WAM 的权重相同。计算权重我们只需计算每笔房贷的占比即可。

所有房贷的总价值 = 1.5 + 0.8 + 1.2 + 1.0 = USD 4.5 million。根据定义即可得：

$$WAC = 2\% \times \frac{1.5}{4.5} + 3\% \times \frac{0.8}{4.5} + 3\% \times \frac{1.2}{4.5} + 4\% \times \frac{1.0}{4.5} = 2.89\%$$

$$WAM = 300 \times \frac{1.5}{4.5} + 250 \times \frac{0.8}{4.5} + 100 \times \frac{1.2}{4.5} + 200 \times \frac{1.0}{4.5} = 216 \text{ months}$$

2. 提前还款率

计算（calculate）单月提前还款率、条件提前还款率（★★）

衡量提前还款风险的指标主要包括两个：一是每月提前还款率（single monthly mortality rate，以下简称 SMM）；二是条件提前还款率（conditional prepayment rate，以下简称 CPR）。

SMM 即每月提前还款额占当月末未偿付本金余额的比重，其具体公式如下：

$$SMM = \frac{当月提前还款额}{本月月初未偿还本金余额 - 本月按期应偿还本金} \tag{54.1}$$

CPR 即为年化后的 SMM。比如 CPR = 4.75%，这意味着今年年初未偿付余额中，4.75% 的部分将被提前偿还。

根据定义，我们可以得出 SMM 和 CPR 的换算公式：

$$SMM = 1 - (1 - CPR)^{\frac{1}{12}} \tag{54.2}$$

$$CPR = 1 - (1 - SMM)^{12} \tag{54.3}$$

在美国，提前还款速率存在一种通用基准。在该基准中，100 PSA 代表标准的提前还款速率，其含义是 CPR 从第一个月开始，每个月增加 0.2%，直到第 30 个月增加到 6% 后就不再增加。注意，如果提前还款速率大于 100 PSA，如 170 PSA，意味着提前还款速率是标准模型的 1.7 倍，即比标准模型更快；如果提前还款速率小于 100 PSA，如 73 PSA，意味着提前还款速率是标准模型的 73%，即比标准模型更慢。

式（54.1）的分子是本月提前还款额，即超过预定额度的还款量。如按照计划本月应归还 10 000 元，实际归还 13 000 元，则提前还款额为 3 000 元；分母是月初按揭贷款余额减去按计划本月归还额，即按计划月末未偿付余额。

在美国，提前还款速率的通用基准由证券业与金融市场协会制定，称为公共证券联合会提前还款参照标准（public securities association prepayment benchmark，简称 PSA）。该基准由一系列按月度公布的 CPR 组成。CPR 随着时间推移而逐渐增大，直到某个阈值后固定。这意味着提前还款速率在初期低，后期高，随着时间的推移逐渐增加，但存在最大值。因此，100 PSA 代表的基准提前还款速率是 CPR 从第一个月开始，每个月增加 0.2%，直到第 30 个月增加到 6% 后就不再增加。

三、机构按揭贷款证券化资产支持证券的分类

在前文叙述中，MBS 根据发行人可以分为两类，一类是机构按揭贷款证券化资产支持证券（agency MBS），另一类是非机构按揭贷款证券化资产支持证券（non-agency MBS）。

机构按揭贷款证券化资产支持证券主要分为三大类，分别是抵押转手证券（mortgage pass-through security，MPS）、担保抵押证券（collateralized mortgage obligations，CMO）和 MBS 剥离证券（strips MBSs）。

接下来将对 agency MBS 的三大类证券分别进行深入探讨。

四、抵押转手证券

1. 抵押转手证券的特点

描述（describe）抵押转手证券的交易过程（★★）

抵押转手证券（mortgage pass-through security，以下简称 MPS）属于最简单的资产支持证券。如图 54.3 所示，MPS 资产池（mortgage pool）的现金流来源是借款人每月归还的房贷，其中包括利息、按期应该偿还的本金以及提前归还的本金（pre-payment）。这些现金在扣除服务费、管理费后将直接流向 MPS 的投资人。每一个 MPS 投资人面临的收益与风险均相同。

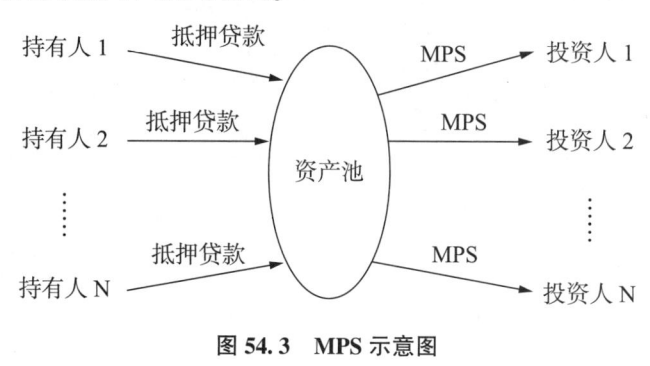

图 54.3　MPS 示意图

2. 抵押转手证券的资产池的交易模式

概括（summarize）特定资产池模式和 TBA 模式（★★）

固定利率的抵押转手证券，其基础资产是贷款池（mortgage pool）。贷款池的形成在实践中有两种交易方式：特定资产池（specified pools）和交易后揭晓（to be announced，TBA）。

特定资产池模式即通常的交易模式。在交易前，资产池的特征，如资产、负债和提前还款率等一系列特征都清晰明确。交易价格也是根据这些清晰可辨的特征决定的，不同资产池往往标价迥异。

交易后揭晓模式是一种远期交易模式，这种交易模式下，交易的资产池并不是某个特定的资产池，而是一类资产池。比如在市场中的一个标的可能这么表示：FNMA 发行、资产面值为 USD 1 million、标价为 USD 1.045 million、30 年期、2.15% 固定利率房贷资产池。30 年期指的是资产池到期时间，实际交割价需要在标价上加上应计利息。往往在交割时，合约会赋予卖方一个最便宜可交割（cheapest to deliver）的权利，即可交付在满足基本要求下的价值最低的贷款池。因此在真正交易时，其交易标的性质细节如何，只有到结算时才能具体确认。为了保证前后一致性，这种模式下交易的标的资产池往往都有严格监管，只有特定主体发行的资产池才能被允许采用这种交易模式。

相比特定资产池模式，TBA 由于只确认资产池类别，而不具体限定某一个特定标的，因而可交割种类更多，流动性也更好。

五、担保抵押证券

解释（explain）担保抵押证券（★★）

担保抵押证券（collateralized mortgage obligations，以下简称 CMO）是把 MPS 按照时间分层后的一类证券，把 MPS 汇在一起形成新的资产池，再进行分层，如图 54.4 所示。

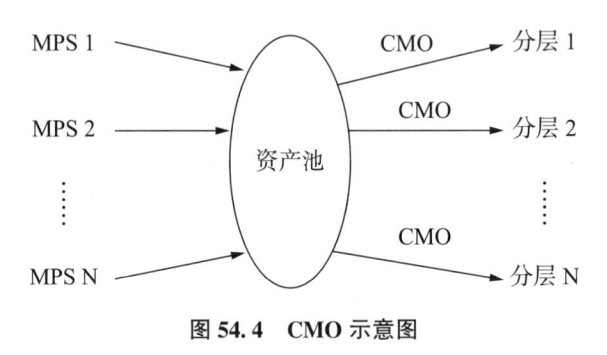

图 54.4　CMO 示意图

时间分层主要针对如 MPS 这类含有提前还款风险的证券，通过分层使不同级别的证券具有不同类型的提前还款风险（prepayment risk）。注意，分层只能重新分配风险，并非消除风险。其结果是使某些层的风险更高，某些层的风险更低。

传统的 CMO，即为顺序支付的 CMO（sequential-pay CMO）。如图 54.5 所示，每一层（tranche）的投资人同时收到利息，但是提前归还的本金会首先归还第一层（tranche 1），直到第一层的投资人收回全部本金后，才开始归还第二层的投资人，最后归还第三层的投资人的本金。

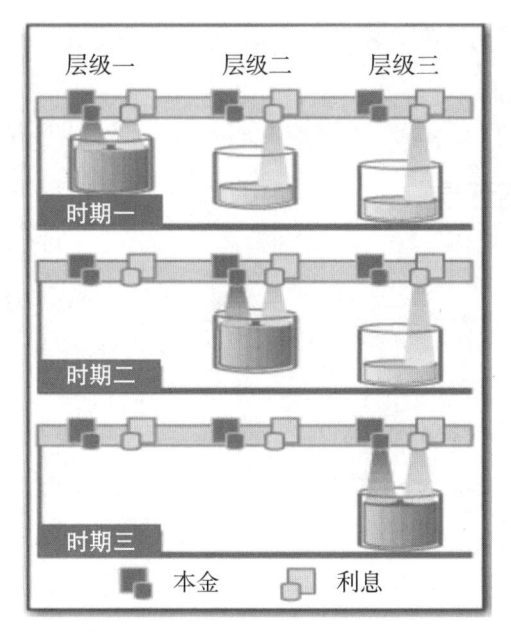

图 54.5 顺序支付的 CMO

传统 CMO 中各个层都无法充分规避提前还款风险，这就为进一步改良风险分配机制提供了空间。现代 CMO 中最常见的就是计划摊销级与支持级的结构。在这个结构中，层级类别分为计划摊销级（Planned Amortization Class，PAC）与支持级（Support Tranches/Companion Tranches）。

PAC 层的投资人在某个提前还款速率的范围内不承担提前还款风险，提前还款风险全部由支持层（support）承担。因而，支持层的期望收益也相应地更高。但是如果提前还款速率在范围之外，PAC 层也要承担超过支持层承担能力之外的提前还款风险。所以支持层提供的保护是有限的。

例如，在 80 PSA 至 160 PSA 这个范围内（这个范围称为 PAC collar 或者 PAC band，具体数值由发行时的市场状况决定），PAC 层不承担任何提前还款风险。也就是说，提前还款速率升高，只要不超过 160 PSA，超过 PAC 层计划的提前还的本金仍然会首先分配给支持层；提前还款速率降低，只要不低于 80 PSA，支持层就将暂停接收本金，直到 PAC 能够正常收到计划中的本金为止。因此，只要 CPR 在 80 PSA 至 160 PSA 这个范围内，PAC 层就能获得按正常计划归还本金，不会受到提前还款速率变动的影响。但是，如果超过了这个范围，如 CPR 成为 200 PSA，那么 PAC 层需要吸收超过上限 160 PSA 以外的提前还款风险，即承担 40 PSA 的提前还款风险。虽然 PAC 层无法绝对避险,但是由于有支持层充当安全垫,PAC 层的提前还款风险还是大大降低了。

六、MBS 剥离证券

> 解释（explain）纯利息的证券和纯本金的证券（★★）

MBS 剥离证券（strips MBSs）分为纯利息证券（Interest-only Strip，IO）和纯本金证券（Principal-only Strip，PO）。与传统 MPS 现金流分配模式不同,纯利息证券和纯本金证券属于按照现金流来源（源自利息或源自本金）进行分类的资产证券化模式。现金流源自利息则称为纯利息证券,现金流源自本金的则称为纯本金证券。

值得一提的是,提前还款对纯本金证券和纯利息证券的影响是不一样的。提前归还的本金会降低未偿付余额,从而进一步影响到利息的支付。当提前还款增加时,纯本金证券会在更早的时间收回本金,因为货币具有时间价值,导致纯本金证券价值上升。而由于"利息依附本金而生",本金的提前归还会导致利息收入降低,致使纯利息证券的价值降低。

七、美元滚动交易

> 描述（describe）美元滚动交易以及美元滚动交易价值（★）

1. 美元滚动的交易模式

美元滚动的交易和回购交易类似,都是一种短期抵押融资的方式。在美元滚动中,融资方首先卖掉自身持有的某种证券化产品且该证券化产品的资产池采用的是交易后揭晓模式,并在远期市场中签定协议,在未来的特定时间买回同类证券化产品。

虽然美元滚动和回购类似,但是二者存在两点重要差别。第一,回购中的抵押物是同一只债券,而美元滚动出售的证券化产品和远期买回的证券化产品只是同类,并非同一只，因为背后的资产池采用交易后揭晓（to be announced，TBA）模式，出售和买回的证券化产品的底层资产池很大概率是不一致的。第二，回购交易中的抵押物保持不变，融资方需要在交易的价格中体现融资的利息成本，一般而言，在回购交易中，期初资金小于期末资金，而美元滚动交易中的证券化产品底层资产池可能不同，融资方在出售和买回的交易价格中体现的是证券化产品资产池的价值，无需体现融资的利息成本，有可能出现出售价格高于买回的价格。

2. 美元滚动的价值

美元滚动的价值是站在融资方的角度出发，且需要衡量以下四个因素：

A：期初融资方出售资产池的价格。

B：期末融资方买回资产池的价格。

C：出售资产池期间获得资金的利息收入。

D：出售资产池期间让渡的证券化产品资产池回收的本息收入。

以上四个因素，对于融资方而言，从资金流入和流出的解释如下：

对于A，属于融资方获得的资金，是资金流入。

对于B，属于融资方支出的资金，是资金流出。

对于C，属于融资方获得的利息收入，是资金流入。

对于D，属于融资方出售资产池后放弃的收入，属于资金流出。

最终，融资方美元滚动的价值就是以上四个因素中的资金流入减去资金流出，即：

$$A - B + C - D$$

例如，假设融资方在3月的时候出售一个面值为100万美元、票息率为5%的资产池，报价价格为USD 101.5，并同时与交易对手方约定在4月买回同类资产池（约定是交易后揭晓模式），买回的报价价格为USD 101，并且该美元滚动交易的交割结算日为每月的12号。假设融资方出售资产池的资金可以获得0.15%的期间收益，并在出售资产池期间，可以回收的本息为面值的0.4%。请计算该美元滚动的价值。

从题干信息，可以得知：

出售买回资产池的应计利息为（一年12个月，一个月30天）：

$$1\,000\,000 \times 6\% \times \frac{1}{12} \times \frac{12}{30} = 2\,000$$

融资方的出售价格为（注意转换面值为 100 万美元）：

$$A = 报价 + 应计利息 = 101.5 \times \frac{1\,000\,000}{100} + 2\,000 = 1\,017\,000$$

融资方的买回价格为（注意转换面值为 100 万美元）：

$$B = 报价 + 应计利息 = 101 \times \frac{1\,000\,000}{100} + 2\,000 = 1\,012\,000$$

出售资产池期间的资金获得的利息收入为：

$$C = 1\,017\,000 \times 0.15\% = 1\,525.5$$

出售资产池期间让渡的证券化产品资产池回收的本息收入为：

$$D = 1\,000\,000 \times 0.4\% = 4\,000$$

最终，该美元滚动的价值为：

$$A - B + C - D = 1\,017\,000 - 1\,012\,000 + 1\,525.5 - 4\,000 = 2\,525.5$$

> **备考小贴士**
>
> 本节内容偏重定性考查。考生需要了解 Agency MBS 和 non-Agency MBS 的区别，掌握 MPS 和 CMO 的特性，明确 TBA 交易模式。

第三节　MBS 的估值与定价

一、对提前还款建模

> 解释（explain）提前还款建模和它的四个组成部分：再融资、周转率、违约和削减（★★）

对 MBS 的估值与定价，必须考虑提前还款期权这个因素。提前还款主要受到四个因素影响：再融资（refinancing）、周转率（turnover）、违约（default）、削减（curtailment）。

1. 再融资

再融资是指借款人执行了新的借款合约,因此提前归还现有借款。此情况发生的背景通常是:普遍市场利率下降或者借款人信用质量上升时,借款人可以获得以更低的利率借款的机会。在度量再融资发生的可能性时,常常借助激励函数(incentive function):

$$I = \text{WAC} - R \tag{54.4}$$

其中,I 为激励,WAC 为贷款池的平均加权票息率(weighted average coupon rate),R 为当前借款人可以获得的融资利率。当 I 值越大时,借款人越有可能进行再融资。

2. 周转率

借款人在置换新的房屋时,会发生提前还款的行为。这种现象具有一定季节性,通常置换行为发生在夏季的可能性要高于发生在冬季的可能性。并且,刚进行抵押贷款的客户,置换房屋的可能性较小。

3. 违约

当发生借款人违约的时候,如果发行机构对贷款进行了担保,那么将由发行机构对相关本金进行偿付。

4. 削减

当抵押贷款已经进行了相对长的时间,并且贷款余额所剩不多的时候,借款人可能会选择一次结清剩余的贷款余额。

二、蒙特卡洛模拟

> 描述(describe)使用蒙特卡洛模拟对一个住房抵押贷款进行估值的步骤(★)

蒙特卡洛模拟法非常适用于含权证券的估值与定价。对 MBS 估值,需要将路径依赖(path-dependent)考虑在内。例如,在对提前还款建模时,可能会出现 burnout 现象,即当再融资利率显著下降时,提前还款率并没有显著上升。其中的原因可能是,先前已经出现过低再融资利率的情况,而相当一部分抵押池中的借款人已经选择提前还款,剩下的都是对再融资利率不敏感的借款人,因此当再融资利率再次下跌时，提前还款不再显著上升。

换言之，除了利率的未来取值，利率变化的路径也会影响 MBS 的价值。而蒙特卡洛模拟法正好可以体现这种路径依赖，这是其相较于其他估值模型的优点。

使用蒙特卡洛模拟法对 MBS 估值时，往往有如下步骤。

第一步：根据发生频率和时间跨度，产生足够多的利率和房屋价格的变化路径。

第二步：在每种路径情况下，使用相关方法估计提前还款率。

第三步：在每种路径情况下，计算考虑了提前还款后的现金流。

第四步：基于上一步骤分析出的现金流，从最末期开始，对现金流进行折现，直至最初期。

第五步：重复前面的过程，计算每条路径下的现值。

第六步：将各种情况下的现值求平均值，得到证券的价值。

三、期权调整价差

定义（define）期权调整价差，解释（explain）它的应用与所涉挑战（★★★）

1. 期权调整价差的定义与应用

收益率利差，即两个不同债券的收益率之差。

债券的收益率可以分解为两个部分：基准收益率和利差。基准收益率通常采用国债收益率度量。利差就是债券收益率超过基准收益率的部分，又称基准利差。

基准收益率反映了宏观经济因素，如 GDP、CPI 和银根松紧情况等，宏观因素影响整个市场的所有债券；利差反映了微观因素，如某支债券的信用风险、流动性风险和税收情况等，微观因素影响某个特定的债券。

以国债的即期利率曲线为基准的利差称为 Z-spread，Z-spread 计算公式如下：

$$PV = \frac{PMT}{(1+z_1+Z)^1} + \frac{PMT}{(1+z_2+Z)^2} + \cdots + \frac{PMT+FV}{(1+z_N+Z)^N} \quad (54.5)$$

其中，z_i 表示国债的各期即期利率，Z 表示恒定的 Z-spread。

如果需要衡量含权债券的利差，则需要从总体利差中剔除期权的价值，这种利差称为期权调整价差（option-adjusted spread，OAS）：

$$OAS = Z\text{-}spread - Option\ value(\%) \tag{54.6}$$

MBS 存在借款人提前还款风险，即类似可赎回债券，亦需要采用 OAS 作为其利差的衡量工具。

除了作为利差的衡量工具，OAS 还具有均值复归（mean reversion）的性质。如果某个板块的 OAS 短期偏高或者偏低，往往意味着存在有利可图的投机机会，因为站在长远角度，OAS 都会回到历史平均水平。

2. 期权调整价差的不足

OAS 虽然可以分析含权债券的利差，其适用性高于 Z-spread，而且亦可作为投机方向的指引，但其依旧存在一定的局限性。OAS 的具体局限性主要包括以下四条：

（1）OAS 是基于蒙特卡洛模拟出来的结果，蒙特卡洛模拟本身可能存在模型风险；

（2）利率变化路径的调整可能是主观的，并且会受到模型风险的影响；

（3）OAS 本身暗含一段时间利差维持不变的假设，但实际上 OAS 会随着时间的推移而变化；

（4）提前还款率与 OAS 建模息息相关，但 MBS 的提前还款率难以准确估计。与公司发行可赎回债券相比，个人贷款提前还款更加"不理性"、难以预测。

备考小贴士

本节内容偏重定性考查。考生需要了解如何对提前还款进行建模；了解用蒙特卡洛模拟估值 MBS 的思路。

第五十五章

利率衍生品

知识引导

利率是固定收益类产品价格的另一种表现形式，当市场利率发生变化时，对应资产价格也会改变。利率衍生品是底层风险因子基于利率所构建的一类衍生品，它是重要的利率风险管理工具。本章将以远期利率协议和美国国债期货为例，系统地介绍美国债券市场、国债期货合约与定价以及如何利用利率期货进行对冲。

考点聚焦

本知识点的考查以定量为主、定性为辅。考生需要重点了解什么是 FRA，会计算 FRA 交割现金流；了解国债期货的特性；明确国债期货的报价和交易价格之间的关系；熟练掌握 CTD 债券的选择。

本章框架图

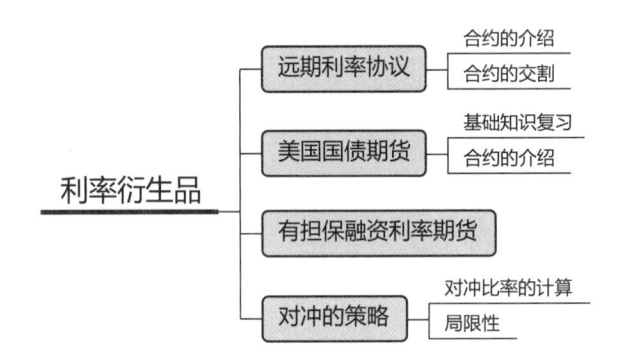

```
                        ┌─ 远期利率协议 ─┬─ 合约的介绍
                        │                └─ 合约的交割
                        │
                        ├─ 美国国债期货 ─┬─ 基础知识复习
利率衍生品 ──┤                └─ 合约的介绍
                        │
                        ├─ 有担保融资利率期货
                        │
                        └─ 对冲的策略 ───┬─ 对冲比率的计算
                                         └─ 局限性
```

第一节 远期利率协议

一、合约的介绍

远期利率协议（FRA）是一种标的为利率的场外远期合约。与一般远期合约不同，FRA 的标的不是一种资产，而是利率本身。由于几乎所有企业的利润都受利率变动的影响，FRA 是一种常用的、用于利率风险管理的衍生品工具。

具体而言，希望在未来借入资金的主体常常担心利率上涨，因为利率上涨会增加他们的借款成本，所以他们需要锁定未来的借款利率；反之，希望在未来发放贷款的主体则担心利率下跌，因为利率下跌会影响他们的既得利益，所以他们也需要锁定未来的贷款利率。

在 FRA 合约中，FRA 的多头是在未来以合约约定的利率借入一笔虚拟贷款的借款人，FRA 的空头可以看作是一个在未来须以合约约定的利率发放一笔虚拟贷款的贷款人。此处称其为虚拟贷款的原因是这笔所谓的贷款并不实际发生，多空双方仅通过 FRA 来锁定利率风险，多空双方真正结算的是 FRA 对应的利息差。

二、合约的交割

> 推算（derive）远期利率合约（FRA）的现金流价值（★★★）

FRA 多空双方现金结算时点为借款期的期初，金额为未来利息差额的现值，具体来讲，合约的多方现金流为（空方的现金流为该式的相反数）：

$$多方现金流 = \frac{(实际年化利率 - 合约年化利率) \times 借款期(年) \times 本金}{1 + 实际年化利率 \times 借款期(年)}$$

(55.1)

下面通过一个例子来具体说明。

例题 55.1

假设一家公司与对手方签订了远期利率协议，规定在 9 个月后它的 1 000 000 美元的本金在未来 3 个月内将获取 4% 的固定收益（空方）。如果 9 个月后，期限为 3 个月的参考利率为 5%。请计算该公司未来的现金流。

名师解析

在解题之前，考生需特别注意以下内容。

FRA 有两个时间点，不要弄混。如图 55.1 所示，两个时间点分别为 9 个月后和 1 年后，这个合约通常会记为 9×12 的 FRA。

```
                        5%
|------------------|--------|
0                9个月      1年
```

图 55.1 合约中的关键时间节点示意图

FRA 的多方想要贷款，但担心未来利率上升，贷款成本升高；而空方作为借款方，担心未来利率下降，利息收益下降。于是，双方为了规避利率风险签订 FRA 合约。9×12 FRA 中的数字"9"表明合约约定 9 个月后（30 天记为 1 个月）FRA 的多头按照约定利率向空头贷款，数字"12"表明贷款在 12 月结束，贷款期限为 12-9=3 个月（即 90 天）。

如果 9 个月后 3 个月参考利率是 5%，那么 1 年后公司应支付对方：

$$1\,000\,000 \times (5\% - 4\%) \times 0.25 = 2\,500\,(美元)$$

需要注意的是，按照 FRA 协议的惯例，此金额在协议结束时（也就是 9 个月后）就要结算（而不是 1 年后）。因此，要将上述金额进行折现（往前折现 3 个月，即 0.25 年），即在 9 个月时公司需向对方支付：

$$\frac{1\,000\,000 \times (5\% - 4\%) \times 0.25}{1 + 5\% \times 0.25} = 2\,469.14\,（美元）$$

三、运用远期利率协议对利率互换进行估值

对于本书第三部分"金融市场与产品"中学习的固定利率和浮动利率的利率互换，前面已经学习过估值方法，在这里会再介绍一种新的方法，运用远期利率协议进行估值。利率互换可以看成一系列远期利率协议的组合，具体而言，每一个结算

日都可以看成一个远期利率协议。如图 55.2：

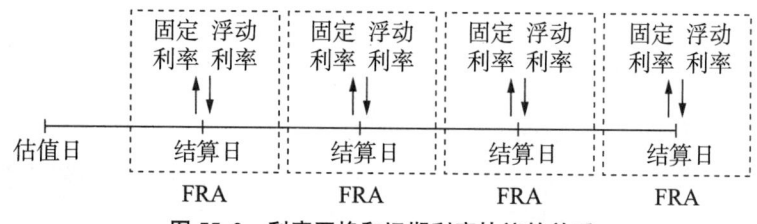

图 55.2　利率互换和远期利率协议的关系

在已知结算日的远期利率的情况下，运用 FRA 对利率互换进行估值的核心思想是把利率互换看成一系列远期利率协议的组合，可通过先计算各个结算日远期利率协议的现值，再求和得出互换的价值。

举例说明，假设一个利率互换，每半年支付 5% 的固定利率。今天刚刚支付了互换的付款，该互换的剩余期限为 12 个月，剩余结算日期分别为接下来的第 6 个月和第 12 个月。已知第 6 个月的参考利率是 5%，第 12 个月的参考利率是 6%，按照半年复利计算。假设名义本金是 200 万美元，那么该利率互换的价值计算如下：

第一步，计算第 6 个月到第 12 个月的远期利率：

$$\left(1+\frac{5\%}{2}\right)\left(1+\frac{F}{2}\right)=\left(1+\frac{6\%}{2}\right)^2 \to F=7.0049\%$$

根据计算的远期利率梳理利率互换的情况，如图 55.3：

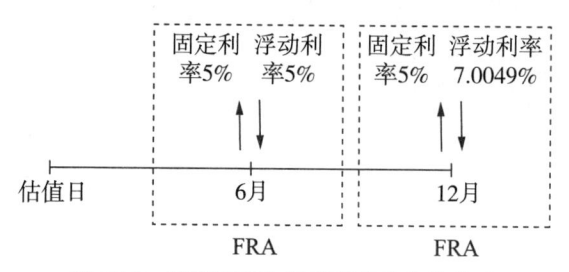

图 55.3　利率互换和远期利率协议的关系

第二步，计算每个结算日时 FRA 的现值：

期限	固定利率现金流	浮动利率现金流	差额
6 个月	−50 000 = 2 000 000 × 5% × 0.5	50 000 = 2 000 000 × 5% × 0.5	0
12 个月	−50 000 = 2 000 000 × 5% × 0.5	70 049 = 2 000 000 × 7.0049% × 0.5	20 049

$$0+20\,049 \times \frac{1}{\left(1+\frac{6\%}{2}\right)^2} = \text{USD } 18\,898$$

通过以上计算，可以得知该互换的价值是 USD 18 898。

> **备考小贴士**
>
> 本节内容偏重定量考查。考生需要了解什么是 FRA 并会计算 FRA 交割现金流。

第二节　美国国债期货

一、基础知识复习

1. 天数计算惯例

> 描述（describe）在债券定价中使用的常见的天数计算方法（★★★）

我们先前学习过债券市场中的天数计算惯例，总结如表 55.1 所示。

表 55.1　　债券市场中的天数计算惯例

债券类型	天数计算惯例
美国（中、长期）国债	actual/actual（计息期实际天数/基期实际天数）
企业债和市政债	30/360（30 天代表一个月，360 天代表一年）
货币市场工具（期限小于 1 年的债券）	actual/360（实际计息天数/360）

2. 国债报价方式

美国的短期国债是以折扣为基础进行报价的，而在债券面值为 USD 100 的情况下，报价（Q）和交易价（C）之间的关系可以表示为：

$$C = 100 - \frac{n}{360} \times Q \tag{55.2}$$

其中，n 为 T-Bills 距离到期的日历日的天数；而 Q 可以看作是在 360 天的期间内，债券所获得的利息占面值的百分比。

美国的中长期国债的报价方式为"32 等份"（32nds，thirty-seconds），并且报价和交易价的关系为：

$$报价 = 交易价 - 应计利息 \tag{55.3}$$

二、合约的介绍

1. 合约基本特点

美国的国债期货为实物交割期货，并且一份合约的可交割债券具有多样性。例如，10 年期的国债期货合约，可交割的债券为任何剩余期限为 6.5 年至 10 年的美国国债。

美国国债期货的基础资产是一支假想的标准券（或称名义券），其面值为 10 万美元，票息率为 6%。

2. 合约多方支付的现金金额

解释（explain）并计算（calculate）美国国债期货合约的转换因子（★★★）

合约的空方可以选择交割任一满足要求的国债。而合约的多方为这支债券支付的价格为：

$$多方支付价格 = 结算价(报价) \times 转换因子 + 交割债券的应计利息 \tag{55.4}$$

其中，转换因子为假设交割债券面值为 1 美元、收益率为 6% 且每年复利 2 次时对应的债券净价。

由于合约的空方可以选择交割任一符合规定的国债，而结算价只是标准券的净价。因此多方实际支付的现金金额，需要按照空方交割债券的价格特征，在结算价上乘以交割债券对应的转换因子来进行调整。

转换因子是交割债券与标准券在两支债券收益率均为 6% 时的净价比值（由于在不同的收益率下，两支债券的净值比值将会不同，为统一起见，假设收益率均为 6%）。由于标准券的票息率也为 6%，所以此时在收益率为 6% 的情况下，标准券的净价等于其面值。由于交割债券和标准债券的面值相等，因此转换因子也可被看作是交割债券的净价除以自己的面值，或者在假设面值为 USD 1 时，交割债券的净价。

这样，再通过标准券的净价，乘上交割债券与标准券净价的比值，再加上应计利息后，就能得到合约多方应当为交割债券支付的现金金额了。

例题 55.2

某国债期货合约结算价（settlement price）为 103.5 美元。若空方打算交割 A 债券，A 债券票息率为 10%，刚刚支付完最近一期利息，剩余期限为 3 年，每半年付息一次。请问 A 债券的转换因子是多少？若空方打算交割 B 债券，B 债券的转换因子为 1.23，每 100 面值对应的应计利息为 1.3 美元，则多方需要支付的金额是多少？

名师解析

先求 A 债券对应的转换因子，根据定义，转换因子为假设交割债券面值为 1 美元、收益率为 6% 且每年复利 2 次时对应的债券净价。

PMT = 1×10%/2 = 0.05，N = 3×2 = 6，FV = 1，I/Y = 3   CPT：PV = −1.1083

由于刚支付完最近一期利息，此时全价和净价相等，故该债券的转换因子为 1.1083。

若交割 B 债券，多方需要支付金额 = $\dfrac{103.5 \times 1.23 + 1.3}{100} \times 100\,000$ = USD 128 605

3. 合约空方交割债券的选择

计算（calculate）美国国债期货交割成本（★★★）

由于合约可交割债券的多样性，合约的空方会选择净成本最小的债券用于交割，此债券被称为最便宜（最优）可交割债券（cheapest-to-delivery，CTD）。

合约空方的净成本 = 交割债券的成交价 − 多方支付的现金金额

= (交割债券的报价 + 应计利息)

− (期货结算价 × 转换因子 + 应计利息)

= 交割债券的报价 − 期货结算价 × 转换因子

例题 55.3

已知期货的最新结算价为 USD 98.25，请从表 55.2 中选出最便宜可交割债券。

表 55.2　　　　　　　　　　现券报价与转换因子

债券	可交割债券报价/USD	转换因子
1	100	1.01
2	135	1.37
3	105	1.06
4	118	1.20

名师解析

根据式（55.4）计算各支债券用于交割的净成本：

对于债券 1：$100 - 98.25 \times 1.01 = USD\ 0.7675$

对于债券 2：$135 - 98.25 \times 1.37 = USD\ 0.3975$

对于债券 3：$105 - 98.25 \times 1.06 = USD\ 0.8550$

对于债券 4：$118 - 98.25 \times 1.20 = USD\ 0.1000$

因此，债券 4 是最便宜可交割债券，因为其交割成本是 0.1 美元，最为便宜。

在实际中，收益率的水平和收益率曲线的形状会影响最便宜交割券的选择。对于不同的收益率水平，当收益率高于 6% 时，期限较长、票息率较小的债券交割成本更低；当收益率低于 6% 时，期限较短、票息率较大的债券交割成本更低。对于不同的收益率曲线的形状，当收益率曲线向上倾斜时，长期限的债券交割成本更低。当收益率曲线向下倾斜时，短期限的债券交割成本更低。

备考小贴士

本节内容偏重定性考查。考生需要了解国债期货的特性；明确国债期货的报价和交易价格之间的关系；熟练掌握 CTD 债券的选择。

第三节　有担保融资利率期货

2023 年 6 月，在美国，SOFR 正式逐步替代美元 Libor，因此需要有 SOFR 挂钩的相关期货产品进行利率对冲，完善和 SOFR 相关的金融产品体系。在 CME 集团有挂牌交易的1个月和3个月的有担保融资利率期货（SOFR futures）。

第一，CME上市的1个月的有担保融资利率期货，面值是500万美元，报价方式和欧洲美元期货一样，采用100-R。此外，合约规定期货报价变化1个基点就对应41.67美元的收益或损失。

第二，CME上市的3个月的有担保融资利率期货，面值是100万美元，报价方式和欧洲美元期货一样，采用100-R。此外，合约规定期货报价变化1个基点就对应25美元的收益或损失。

由于有担保融资利率期货的期限是短于1年的货币市场工具，其天数计算采用actual/360的惯例。

第四节　对冲的策略

一、对冲比率的计算

> 计算（calculate）基于久期的对冲比率并且使用利率期货创造（create）基于久期的对冲策略（★★★）

利率期货的基本功能就是对冲利率风险，那么对冲比率（即根据风险敞口需要购买多少份利率期货）应该如何确定呢？

我们知道久期反映了债券对利率变动的敏感程度，于是只要购买一定数量的利率期货，使持有资产的久期与利率期货头寸久期总和为零，这就能保证利率变化时，资产组合的价值不发生变化（即对利率敏感性为0）。

接下来，我们就利用这个思想来确定需要购买利率期货的数量。令即期利率曲线向下平行移动1 bp时的期货价值的变化量为E_F，即期利率曲线向下平行移动1 bp时投资者头寸价值的变化量为E_V，则原多头投资者应当持有的对冲工具份数为（负号代表持有对冲工具的空头）：

$$N = -\frac{E_V}{E_F} \tag{55.5}$$

例题 55.4

假设投资者现有 333 万美元的期限为 9 个月的货币市场工具。如何通过期限为 3 个月的有担保隔夜融资利率期货对冲风险？

名师解析

由于货币市场工具为零票息工具，所以 9 个月（0.75 年）的原头寸久期约等于 0.75。因此：

$$E_V = 3\,330\,000 \times 0.75 \times 0.0001 = \text{USD } 249.75$$

由 3 个月的有担保隔夜融资利率期货的性质，利率变化 1 个基点，期货价值变化 25 美元，因此 $E_F = 25$ 美元。

$$N = -\frac{249.75}{25} = -9.99 \approx -10$$

投资者应持有 10 份空头的 3 个月的有担保隔夜融资利率期货合约。

例题 55.5

现有一债券组合价值 USD 10 000 000，用于对冲的国债期货合约报价为 108-24。债券组合的久期为 15，而期货合约的久期为 12。使利率变化的影响最小，需要多少期货合约对冲？

名师解析

由于国债期货的面值是 100 000 美元，报价是 108-24。由于国债报价是 1/32 制的，因此国债期货价格为 $108 + \dfrac{24}{32} = 108.75$ 美元。

那么一手国债期货合约的价值是：

$$\frac{108.75}{100} \times 100\,000 = \text{USD } 108\,750$$

$$E_F = 108\,750 \times 12 \times 0.0001 = \text{USD } 130.5$$

$$E_V = 10\,000\,000 \times 15 \times 0.0001 = \text{USD } 15\,000$$

$$N = -\frac{15\,000}{130.5} = -114.943 \approx -115$$

投资者应持有 115 份空头合约。

二、局限性

> 解释（explain）使用基于久期对冲策略的局限性（★）

基于久期的对冲策略存在一定的局限性，主要体现在以下两个方面。

第一，久期对冲是基于投资者资产面临的利率风险中对应的利率和对冲工具对应的利率完全正相关的假设。但是实际情况中两种利率可能并不是完全正相关。

第二，基于久期的对冲策略只对收益率曲线的小幅度平行移动（small parallel shift）有效，当利率曲线发生大幅变动或是非平行移动时，对冲策略就将失效。而在现实中，利率曲线很难发生小幅度的平行移动。

备考小贴士

本节内容偏重定量考查。考生需重点掌握利率期货的对冲份数的计算。

第五十六章

度量金融风险的指标

知识引导

1952年，就读于美国芝加哥大学的26岁博士研究生哈里·马科维茨（Harry M. Markowitz）发表了一篇名为《资产组合选择：投资的有效分散化》的论文。他创造性地提出了均值方差的分析框架（mean-variance framework），即使用资产收益的平均数度量回报，以收益的标准差度量市场风险，并把回报和风险放在一起进行权衡考虑，通过"回报相同时，风险应更小；风险相同时，回报应更大"的优化思路，刻画出了组合配置的有效前沿。这个理论在当时十分具有开创性，被视为现代组合投资理论的开端，而马科维茨本人也和威廉·夏普、莫顿·米勒一起获得了1990年诺贝尔经济学奖。

时至今日，除了马科维茨教授所采用的标准差，已有更多的如在险价值（value at risk, VaR）、预期亏空（expected shortfall, ES）等风险度量指标被发明出来，运用于风险管理领域。它们各具特点，我们会在本章讨论它们的具体特征。其中，在险价值在众多金融机构中被广泛采用，我们也会着重探讨它的计算方法和它的优势与劣势。

考点聚焦

在本章内容中，考生需要了解如何阐释VaR；掌握VaR最常见的两个计算方法；了解VaR的优缺点；了解什么是一致性风险度量；掌握ES计算方法；了解ES之于VaR的优势。

本章框架图

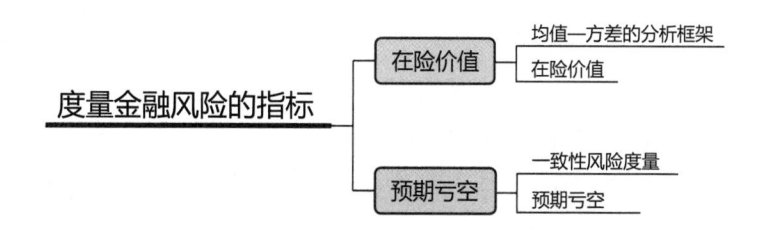

```
                              ┌─ 均值—方差的分析框架
                    ┌─ 在险价值 ┤
                    │          └─ 在险价值
度量金融风险的指标 ──┤
                    │          ┌─ 一致性风险度量
                    └─ 预期亏空 ┤
                               └─ 预期亏空
```

第一节　在险价值

一、均值-方差的分析框架

> 描述（describe）均值-方差框架和有效前沿（★★）
> 比较（compare）正态分布与风险资产（如股票）的实际典型分布的差异（★★）

根据马科维茨均值-方差框架（mean-variance framework），均值被用来度量回报，而回报的标准差被用来度量风险。在具体运用中，常常假定回报服从正态分布。

有效前沿（efficient frontier）：在均值-方差的分析框架下，根据"回报相同时，风险应更小；风险相同时，回报应更大"的优化思路，可以推导出资产配置的有效前沿，如图56.1所示。

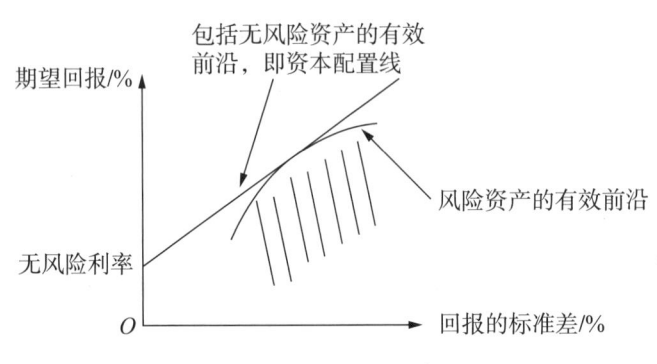

图 56.1　有效前沿示意图

在对正态分布进行相关计算时，只需要知道均值和方差两个参数，所以这种假设在使用中是非常方便的。然而相较于正态分布，金融资产（如股票）的典型分布却有肥尾（fatter tails）的特征，如图56.2所示。实际分布肥尾意味着极端值出现的可能性更大，也就意味着如果采用正态分布度量回报，可能会低估极端损失发生的概率。

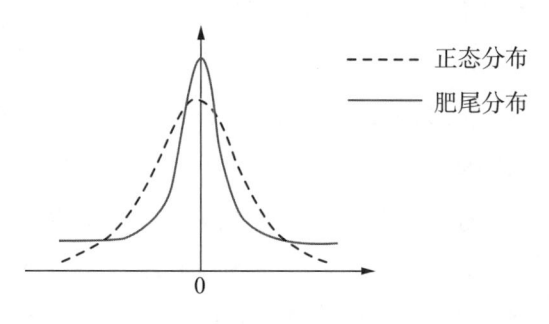

图 56.2 肥尾分布示意图

二、在险价值

定义（define） 在险价值对风险的度量（★★★）
描述（describe） 回报分布和持有期限的假设（★★★）
解释（explain） 在险价值的限制（★★★）

1. VaR 的定义

在险价值（value at risk，VaR）是指在一定期间内（time horizon）和一定置信水平（confidence level）下，投资组合发生的最大损失。

VaR 的参数既可以是置信水平，也可以是显著性水平。此外，如果损失值是百分比，则称为百分比的在险价值，即 VaR($X\%$)；如果损失值是货币值，则称为货币值的 VaR，即 VaR($X\%$)$_{dollar}$。

例如，如果 10 天 95% 的 VaR 为 USD 2 000 000。可以从两个方面进行解读：

（1）在接下来的 10 天内，我们有 95% 的把握，损失不会超过 USD 2 000 000；

（2）在接下来的 10 天内，有 5% 的可能性，损失会超过 USD 2 000 000。

2. VaR 的计算举例

在实际操作过程中，VaR 的计算过程可能会比较复杂，而有关内容也会在第五十七章进行更加深入的讨论。这里仅就最常见的两种计算方法进行介绍。

第一种方法是基于历史数据进行计算。在使用这种方法计算 VaR 时，首先将回报数据按照升序排列，然后从回报最差的数据开始累积概率，在没有特殊要求的情况下（第五十八章会对这些特殊要求进行展开讨论），每个回报发生的概率按照

1/N 计算，N 是数据的样本容量，当累积到概率为显著性水平时，对应的回报数据则为 VaR 值。例如，如果组合价值为 200 万美元，一个交易员收集了过去 100 个交易日（样本容量为 100）的数据，模拟出回报最差的 10 个数据分别为 -12.3%、-8.7%、-6.5%、-6.34%、-3.2%、-2.87%、-1.2%、-0.59%、-0.05%、0.47%，每一个回报数据的概率是 1/100，直到第 5 个数值累积的概率为 5%，因此 5% 显著性水平的 1 天（daily）的 VaR 为 3.2% 或 64 000 美元（2 000 000 × 3.2%）。

因为 VaR 的定义为"损失"，所以用正数表示。另外，以历史数据计算 VaR 的方法，体现了 VaR 是一个分位数的概念。

第二种方法是基于回报服从正态分布的假设。如式（56.1）和式（56.2）所示，利用正态分布性质可以很方便地求出显著性水平为 X% 的 VaR：

$$\text{VaR}(X\%) = |E(R) - Z_{X\%} \times \sigma| \qquad (56.1)$$

$$\text{VaR}(X\%)_{\text{dollar}} = |E(R) - Z_{X\%} \times \sigma| \times 资产价值 \qquad (56.2)$$

其中，$E(R)$ 为资产的期望回报〔如果 $E(R)$ 未知，则默认 $E(R) = 0$〕，$Z_{X\%}$ 是显著性水平 $X\%$ 所对应的 Z 值，σ 是资产回报所对应的标准差。

如图 56.3 所示，正态分布均值为 $E(R)$，标准差为 σ，$\text{VaR}(5\%) = |E(R) - 1.65\sigma|$。因为 $|E(R) - 1.65\sigma|$ 的位置，对应分布左边尾部的面积刚好是总面积的 5%。

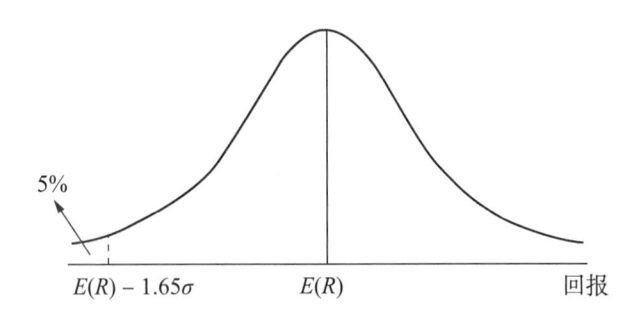

图 56.3　正态分布下 **VaR** 的计算示意图

例题 56.1

某交易员需要计算其投资组合的 VaR。假设资产的回报服从正态分布，组合回报的日标准差为 2.5%，当前的组合价值为 780 万美元。请分别计算组合的日（daily）VaR(5%) 和 VaR(5%)$_{\text{dollar}}$。

名师解析

如果题目中未告知资产的日回报均值 $E(R)$，一般默认 $E(R) = 0$。

$$\text{VaR}(5\%) = |0 - 2.5\% \times 1.645| = 4.11\%$$

$$\text{VaR}(5\%)_{\text{dollar}} = |0 - 2.5\% \times 1.645| \times 7\,800\,000 = 320\,775(美元)$$

3. VaR 的换算

假设回报服从正态分布，且期望值 $E(R) = 0$，一定显著性水平的在险价值为 $\text{VaR}(X\%) = |Z_{X\%} \times \sigma|$。并且，不同显著性水平或者不同期间（time horizon）的 VaR 可以进行换算。

如果显著性水平不同，换算方法为：

$$\text{VaR}(New\%) = \text{VaR}(Old\%) \times \frac{Z_{New\%}}{Z_{Old\%}} \tag{56.3}$$

其中，$Old\%$ 为原显著性水平，$New\%$ 为新显著性水平，$Z_\%$ 为标准正态分布单尾依赖因子。

例如，已知 $Z_{5\%} = 1.65$，$Z_{1\%} = 2.33$，那么 $\text{VaR}(1\%) = \text{VaR}(5\%) \times \dfrac{2.33}{1.65}$。

如果是在不同期间内进行换算，在满足回报间独立同分布的假设情况下，1 期与 J 期的标准差满足：

$$\sigma_{J期} = \sigma_{1期} \times \sqrt{J} \tag{56.4}$$

则 VaR 在 $E(R) = 0$ 时满足：

$$\text{VaR}(X\%)_{J期} = \text{VaR}(X\%)_{1期} \times \sqrt{J} \tag{56.5}$$

例如，如果 1 天 5% 的 VaR 表示为 $\text{VaR}(5\%)_{\text{daily}}$，并且假设一周有 5 个交易日，那么 1 周 5% 的 VaR 满足 $\text{VaR}(5\%)_{\text{weekly}} = \text{VaR}(5\%)_{\text{daily}} \times \sqrt{5}$。

例题 56.2

假定某银行期初的资产市值为 800 万元，根据历史数据，其资产月收益率服从均值为 0 的正态分布。若 1 个月的 5% 显著性水平的 VaR 为 2 640 000 元，现求：

（1）1 个月的 1% 显著性水平的 VaR。

（2）1 个季度的 5% 显著性水平的 VaR。

名师解析

（1） $\text{VaR}(1\%)_{月} = \text{VaR}(5\%)_{月} \times \dfrac{Z_{New\%}}{Z_{Old\%}} = 2\,640\,000 \times \dfrac{2.33}{1.65} = 3\,728\,000(元)$

（2） $\text{VaR}(5\%)_{季度} = \text{VaR}(5\%)_{月} \times \sqrt{t} = 2\,640\,000 \times \sqrt{3} = 4\,572\,614(元)$

4. VaR 的优势与劣势

VaR 的优势是在计算运用时比较简单，并且指标所代表的含义容易理解。

然而，VaR 的运用也存在着一些限制：

（1）它存在模型风险（model risk），如果回报分布的假设是错误的，那么计算出来的风险值也将是错误的；

（2）VaR 只能表明对应分位点（如95%的分位点）的损失数值，而不能体现更加严重的尾部情况的分布；

（3）它不满足次可加性（subadditivity）（将在接下来的部分讨论）。

备考小贴士

> 本节内容偏重定性与定量相结合的考查。考生需要了解如何阐释 VaR；掌握 VaR 最常见的两种计算方法；了解 VaR 的优缺点。

第二节　预期亏空

> 定义（define）一致性风险度量指标的性质并解释（explain）每一个性质的含义（★★★）
> 解释（explain）VaR 为什么不是一个一致性风险度量指标（★★）
> 解释（explain）和计算（calculate）预期亏空（★★★）
> 比较（compare）和对比（contrast）预期亏空与在险价值（★★★）

一、一致性风险度量

一致性风险度量（coherent risk measures）是经济学家给出的风险指标优劣评判

标准。一致性风险度量认为一个好的风险度量指标应当具备以下四个条件。

(1) 单调性（monotonicity）：$X_A \leq X_B \Rightarrow p(X_A) \geq p(X_B)$，有 A 和 B 两个组合，如果 A 组合的表现永远比 B 组合表现差，给予 A 组合的风险值应当大于 B 组合的风险值。简单来说就是优质资产的风险永远比劣质资产的要小。

(2) 齐次性（homogeneity）：$p(\lambda X) = \lambda p(X)$，如果组合头寸发生变化，则对应的风险也应当成比例地变化。

(3) 平移不变性（translation invariance）：$\forall c, p(X + c) = p(X) - c$，如果数量为 c 的现金被加入组合中，组合的风险值应当对应减少 c。

(4) 次可加性（subadditivity）：$p(X_1 + X_2) \leq p(X_1) + p(X_2)$，组合的风险应当不会大于成分资产风险的加总。风险度量应当能体现出分散化的优势。

VaR 满足单调性、齐次性、平移不变性，但是不满足次可加性。即存在 X_1 和 X_2，它们不满足：

$$\text{VaR}(X_1 + X_2) \leq \text{VaR}(X_1) + \text{VaR}(X_2)$$

通过下面的例子来说明。假设一个投资组合中有债券 A 和债券 B，每一个债券是否违约相互独立。每一个债券违约概率均为 3%，面值均为 1 000 元。设定显著性水平为 5%。我们首先计算单个债券 VaR，并将其加总，再计算整个投资组合的 VaR。

如表 56.1 所示，对于单一债券，从最差的情况开始累积，累积概率恰好等于 5% 的时候，对应损失为 0 元（即不违约），那么 $\text{VaR}_{5\%}(A) = \text{VaR}_{5\%}(B) = 0(元)$。

表 56.1　　　　　　　　　　单一债券违约概率分布

单一债券	损失/元	概率	累积概率
	1 000	3.00%	3.00%
	0	97.00%	100.00%

如表 56.2 所示，为计算组合的 VaR，可先从组合损失和对应概率（利用二项随机变量性质）开始计算。从最差的情况开始累积，累积概率恰好等于 5% 的时候，对应损失为 1 000 元，即 $\text{VaR}_{5\%}(A + B) = 1 000(元)$。

表 56.2　　　　　　　　　　　　　　组合损失概率分布

	违约债券数	损失/元	概率	累积概率
组合	2	2 000	$C_2^2 (3\%)^2 (97\%)^0 = 0.09\%$	0.09%
	1	1 000	$C_2^1 (3\%)^1 (97\%)^1 = 5.82\%$	5.91%
	0	0	$(97\%)^2 = 94.09\%$	100.00%

从本例可以看到，债券 A 和 B 的 VaR 值的和小于组合 A+B 的 VaR 值，不满足次可加性。如果机构采用该风险指标，并在同等条件下以降低风险值为管理目标，就有可能鼓励投资经理将资金集中投资于某一债券上，而不是进行分散化的投资。

二、预期亏空

从前面的内容我们了解到，VaR 并没有给出损失的尾部分布的描述。它仅仅说明了这个值发生的概率，而没有提供任何关于损失分布的尾部信息。VaR 本质上只是对应于某显著性水平的分位点，它无法考察分位点左侧的信息，即所谓的左尾损失。例如，图 56.4 的两种收益分布有同样的 VaR 值，但它们有非常不同的尾部损失分布。VaR 方法的这一缺点使人们忽略了发生概率较小的巨额损失事件，而这恰恰是金融监管部门所必须重点关注的。

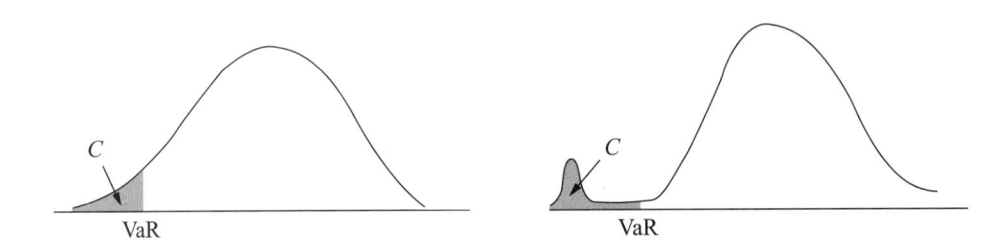

图 56.4　不同分布具有相同的 VaR，但尾部损失可能不同

针对 VaR 忽略的尾部风险问题，人们提出了预期亏空（expected shortfall，ES）这个指标，并定义预期亏空是超过风险临界值之后的平均损失。所以对于 99% 风险价值来说，预期亏空就代表了那最坏的 1% 中的平均结果。通俗来说就是最糟糕的事情发生之后，投资所可能发生的平均损失。

除了考虑尾部风险之外，ES 还改进了 VaR 在次可加性上的不足。通过数学推理，它可以很好地满足次可加性的要求。

简单小结，ES 之于 VaR 的优势为：

（1）体现了尾部的风险特征；

（2）满足次可加性，从而鼓励机构进行风险分散化的投资。

当然 ES 也有自己的问题，如没有一套像 VaR 一样得到公认的回测体系。因此在实际应用中，ES 和 VaR 经常用来交叉验证和互相印证。

例题 56.3

某风险经理用历史模拟法预测某资产组合的 95% 的每日预期亏空，时间回望期为 100 天。回望期内最小的 6 个收益值见表 56.3。

表 56.3　　　　　　　　　某组合历史收益情况

顺序	回报	距离当前的天数/天
1	−10%	95
2	−6.30%	17
3	−4.70%	65
4	−4.00%	4
5	−3.80%	5
6	−3.60%	30

又过了 10 天，这 10 天有 4 天为负收益，分别为 −25.0%、−4.1%、−7.8% 和 −9.5%，其余为正收益。假设该投资组合的初始值为 USD 100 million，请问此时每日 95% 的预期亏空是多少？

名师解析

由于经过了 10 天，因此原来时间窗口内距离当前的第 100 天至 91 天的数据失效，所以表 56.3 中第 95 天的收益率 −10% 不予考虑，考虑新的 4 天的负收益数据，此时回望窗口内收益率从小到大的排序（取最小的 5 个值）如表 56.4 所示。

表 56.4　　　　　　　　某组合 10 天以后历史收益

顺序	回报
1	−25.00%
2	−9.50%

(续表)

顺序	回报
3	-7.80%
4	-6.30%
5	-4.70%

此时95%的每日VaR值为4.7%，95%的每日ES值为其余4个收益率取绝对值之后的期望值：

$$\frac{(25\% + 9.5\% + 7.8\% + 6.3\%)}{4} = 12.15\%$$

货币值的ES为：

$$12.15\% \times 100 \text{ million} = \text{USD } 12.15 \text{ million}$$

> **备考小贴士**
>
> 本节内容偏重定性与定量相结合的考查。考生需要了解什么是一致性风险度量；掌握ES计算方法；了解ES之于VaR的优势。

第五十七章

在险价值的计算与运用

知识引导

在 20 世纪 90 年代，J. P. Morgan 的主席 Dennis Weatherstone 每天都需要审阅公司的风险报告。报告中大量信息是关于不同风险敞口的敏感指标，冗长且不够直观，对于机构的整体风险管理的意义不大。Dennis 要求报告直接阐明公司的整体交易组合在此后 24 小时所面临的风险。应他的要求，他的下属创造了在险价值（VaR）这一风险测度指标，并且每天都会在 16：15 把使用在险价值的风险报告放在他的桌上以供审阅，这便是著名的"16：15 报告"。在险价值一经问世，便以其简洁直观、易于理解的特点，获得了世界各大金融机构的青睐，被广泛地运用于它们的风险管理活动中。本章内容将围绕 VaR 的计算与运用进行具体介绍。

考点聚焦

在本章内容中，考生需要了解历史模拟法如何产生情景，最终得到损失分布；掌握 delta-normal 法的计算，对于非线性工具，要先算底层风险因子 VaR，再算非线性工具的 VaR；了解 gamma 的补足对于 VaR 估算的改进；了解蒙特卡洛模拟法的过程；能够比较蒙特卡洛模拟法和其他 VaR 方法的区别。

本章框架图

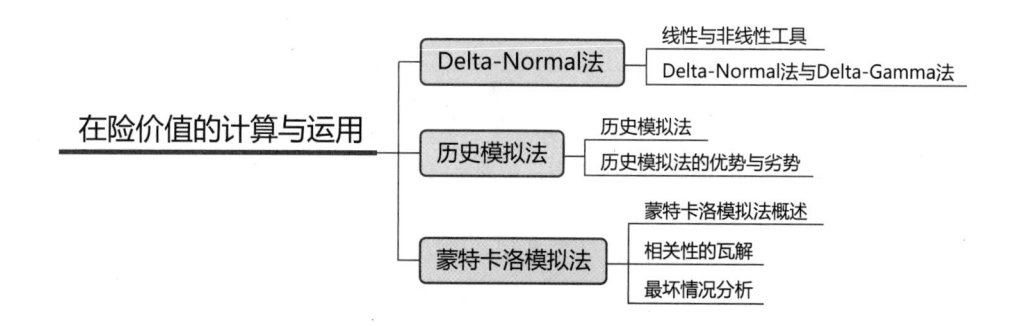

```
                          ┌── Delta-Normal法 ──┬── 线性与非线性工具
                          │                    └── Delta-Normal法与Delta-Gamma法
在险价值的计算与运用 ──────┼── 历史模拟法 ──────┬── 历史模拟法
                          │                    └── 历史模拟法的优势与劣势
                          └── 蒙特卡洛模拟法 ──┬── 蒙特卡洛模拟法概述
                                               ├── 相关性的瓦解
                                               └── 最坏情况分析
```

第一节 Delta-Normal 法

> 解释（explain）并且举出（provide）线性和非线性衍生品的例子（★★）
> 描述（describe）并且计算线性衍生品的在险价值（★★★）
> 描述（describe）delta-normal 法并且计算非线性衍生品的在险价值（★★★）

一、线性与非线性工具

1. 线性工具

常见的线性（linear）金融工具包括远期和期货。如图 57.1 所示，线性衍生品的特点是其价值与风险因子呈线性关系，其价格传导机制量（delta，δ）是常数。delta 是之前衍生品工具中学习过的 delta，描述了衍生品价值对于标的资产的一阶导数影响，即 delta = $\Delta P_{衍生品} / \Delta S_{标的资产}$。例如，对于一个期货合约的多头，当风险因子（基础资产的价格）增加，期货头寸的价值将线性增加，且变化的敏感程度（δ）为常数，不因风险因子（基础资产的价格）的变化而变化。

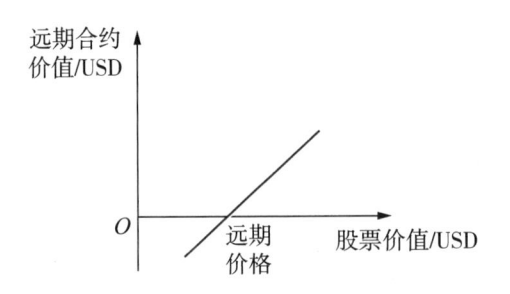

图 57.1 多头股票远期合约价值示意图

风险因子与线性工具的价格变动关系可以表示为：

$$\Delta P_{线性工具} = \delta \times \Delta S_{风险因子} \tag{57.1}$$

因为 VaR 表示的是损失值，也就是价值变动为负数的部分，所以风险因子的 VaR 与线性工具的 VaR 的变动关系可以对应表示为：

$$\text{VaR}_{\text{线性工具}} = |\delta| \times \text{VaR}_{\text{风险因子}} \tag{57.2}$$

其中，加入绝对值是为了保证 VaR 的计算结果为正数。

2. 非线性工具

常见的非线性（non-linear）金融工具有期权和债券。如图 57.2 和图 57.3 所示，非线性工具的特点是非线性金融工具的价值与风险因子的变化呈非线性的变化，其价格传导机制量（delta，δ）不是一个常数。债券的价格传导机制量指的是美元久期，因为美元久期 $= -\Delta P_{\text{债券}} / \Delta Y_{\text{收益率}}$。而期权的价格传导机制量指的是期权的希腊字母 delta。

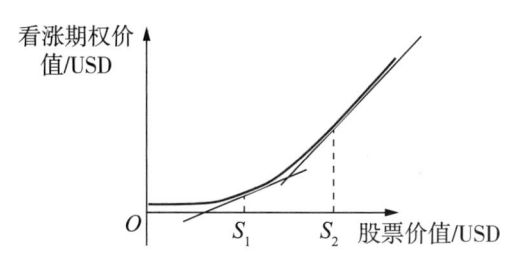

图 57.2 股票看涨期权价值示意图　　图 57.3 债券价值示意图

与线性工具类似，风险因子与非线性工具的价格变动关系可以表示为：

$$\Delta P_{\text{非线性工具}} = \delta \times \Delta S_{\text{风险因子}} \tag{57.3}$$

风险因子的 VaR 与非线性工具的 VaR 的变动关系可以对应表示为：

$$\text{VaR}_{\text{非线性工具}} = |\delta| \times \text{VaR}_{\text{风险因子}} \tag{57.4}$$

二、Delta-Normal 法与 Delta-Gamma 法

1. Delta-Normal 法

Delta-normal 法又称为 delta 近似法。简单来说，delta-normal 法计算金融工具的 VaR，就是首先假设风险因子服从正态分布，并以此计算出风险因子的 VaR，再通过风险因子与金融工具价值的传导机制，计算出衍生品的 VaR。

对于单一的非线性工具（以股票期权和债券为例），其 VaR 可以通过式（57.5）和式（57.6）进行计算：

$$\text{VaR}_{\text{股票期权}} = |\Delta| \times \text{VaR}_{\text{股票}} \tag{57.5}$$

$$\text{VaR}_{\text{债券}} = |-D \times P| \times \text{VaR}_{\text{收益率}} \tag{57.6}$$

其中，Δ 为期权价值对于股票价格的敏感程度，D 为债券的修正久期，P 为债券的价值，$D \times P$ 则表示美元久期。

例题 57.1

某投资经理想要通过 delta-normal 法计算自己的股票看涨期权头寸的 VaR。股票当前的交易价格为 20 元，日波动率为 2%，期权的执行价格为 20 元。请计算在 95% 置信水平下期权的 daily VaR。

名师解析

首先，根据题目信息计算标的资产的 VaR：

$$\text{VaR}_{股票} = |0 - 1.65 \times 2\%| \times 20 = 0.66(元)$$

其次，由于此时期权为平值（at-the-money）状态，delta 近似等于 0.5。因此，期权的 VaR 近似等于：

$$\text{VaR}_{期权} = |\Delta| \times \text{VaR}_{股票} = 0.5 \times 0.66 = 0.33(元)$$

如需计算投资组合的 VaR，则：
(1) 计算出每个风险因子的均值和标准差以及它们之间的相关系数；
(2) 计算组合的均值和标准差；
(3) 在组合的价值服从正态分布的假设下，通过式（57.7）计算出组合的 VaR。

$$\text{VaR}(X\%) = |\mu_{组合} - Z_{X\%} \times \sigma_{组合}| \tag{57.7}$$

例题 57.2

某基金经理需要计算其投资组合每日的 VaR。假设组合包含了价值为 2 000 万美元的 A 股票和价值为 4 000 万美元的 B 股票。资产的回报服从正态分布。A 股票和 B 股票每天的收益标准差分别为 0.5% 和 2%，而回报的均值均为 0。两支股票的相关系数为 0.25。请计算在 95% 的置信水平下，组合每日货币值的 VaR。

名师解析

根据组合的方差公式，计算出组合的标准差：

$$\sigma_p^2 = 2\,000^2 \times 0.5\%^2 + 4\,000^2 \times 2\%^2 + 2 \times 2\,000 \times 4\,000 \times 0.5\% \times 2\% \times 0.25$$

$$\rightarrow \sigma_p = 83(万美元)$$

组合的 VaR 为：

$$\text{VaR}(X\%) = |\mu_{组合} - Z_{X\%} \times \sigma_{组合}| = 1.65 \times 83 = 137(万美元)$$

2. Delta-Gamma 法

根据前文的讨论，通过风险因子的 VaR 乘以传导机制量计算金融工具的 VaR 是一阶线性估计的方法。为了使估计结果更加准确，可以利用泰勒展开式，把二阶 gamma（Γ）或凸度（C）的影响加入 VaR 的计算中。这种方法被称为 delta-gamma 近似法或者泰勒展并式近似法（Taylor series approximation），具体公式为：

$$\text{VaR}_{股票期权} = |\Delta| \times \text{VaR}_{股票} - \frac{1}{2} \times \Gamma \times \text{VaR}_{股票}^2 \qquad (57.8)$$

$$\text{VaR}_{债券} = |-D \times P| \times \text{VaR}_{收益率} - \frac{1}{2} \times C \times P \times \text{VaR}_{收益率}^2 \qquad (57.9)$$

其中，Δ、D、P 的含义同式（57.5）与式（57.6）。

由于 VaR 的定义为损失，而 gamma 或凸度的存在会使损失更少（由于非线性产品涨多跌少的特点），因此 gamma 和凸度项前面为负号。

另外，请注意区分公式（57.9）和公式 $\Delta P \approx - ModDur \times P \times \Delta y + \frac{1}{2} \times ModConvexity \times P \times (\Delta y)^2$。

3. Delta-Normal 法的局限

> 描述（describe）delta-normal 方法的限制（★★★）

Delta-normal 法要有效，有两个前提：

（1）风险因子的变动本身服从正态分布（normal）。

（2）风险因子的变动能够通过 delta 足够精确地传导到组合，使组合的变动也服从正态分布。

根据这两个前提，不难看出 delta-normal 法的局限性：

（1）风险因子变动不一定是正态的。

（2）若组合存在非线性衍生品，特别是一些极端非线性衍生品（如奇异期权、MBS），其估计结果将会非常不准确；加入 gamma 或凸度可以使单一衍生品的 VaR

估计更加精确，但这种二阶模型很难在组合的层面进行使用与分析。

> **备考小贴士**
>
> 本节内容偏重定量考查。考生需要掌握 delta-normal 法的计算，对于非线性工具，要先算底层风险因子 VaR，再算非线性工具的 VaR。此外，考生需要了解 gamma 对于 VaR 估算的改进。

第二节 历史模拟法

一、历史模拟法

> 描述（describe）并解释（explain）用于计算在险价值和预期亏空的历史模拟法（★★★）

历史模拟法（historical simulation）是一种非参数（non-parametric）方法，即事先无须假设回报的分布，也无须估计分布的参数就能求出 VaR 的方法。在计算 VaR 时，历史模拟法的基本思想是历史会重演，即明天的情形可能是历史上的所有情形中的一种。

用历史模拟法计算未来某一天的 VaR 的步骤概括如下。

（1）确定组合的风险因子。如果风险因子是价格类指标，则将其转化为百分比的变化（percentage change）；如果是风险因子是比率类指标（如利率），由于已经是以百分比为单位，则直接使用其变化值（actual change）。

（2）收集过去一段时间内风险因子的对应数值。

（3）创造若干种情景，情景中的风险因子的取值基于过去一段时间内观测到的风险因子变化量（假设历史会重演）。

（4）在每个情景中，基于风险因子的取值计算出组合的价值，并与当前组合价值对比得出损失。将若干个损失进行排序后，计算出给定置信水平下的 VaR 或者 ES。

下面通过一个具体的例子来说明。

假设现有一个投资组合，价值为 1 550 万美元。假设影响组合价值的风险因子有某股票的价格、利率、信用利差等。现在需要采用历史模拟法，计算组合未来一天显著性水平为 1% 的 VaR 和 ES。

首先搜集包括当前（今天）在内的，过去 500 天的风险因子和组合的价值数值（总共 501 组数值）。将今天的数据命名为第 500 天，最早的一组数据名为第 0 天，其余类推。具体数据如表 57.1 所示（风险因子仅列股价与利率，其余省略）。

表 57.1　　　　　　　　　组合历史数据表

第 n 天	股价/美元	利率	…	组合价值/百万美元
0	55	3.51%	…	13.2
1	58	3.53%	…	13.4
2	56	3.54%	…	11.5
…	…	…	…	…
498	72	3.29%	…	…
499	75	3.31%	…	14.4
500	76	3.35%	…	15.5

接下来，通过创造情景，预测未来一天的组合价值。在创造情景时，完全基于以上风险因子的变化。例如，根据第 0 天和第 1 天的风险因子变化创造情景 1。在第 0 天到第 1 天之间，股价上涨了 3 美元，增长率为 $\frac{3}{55} \times 100\% = 5.455\%$。由于今天的股价是 76 美元，那么基于情景 1，未来一天的股价应当为：$76 \times (1 + 5.455\%) = 80.15$（美元）。在第 0 天到第 1 天之间，利率上涨了 0.02%，今天的利率水平是 3.35%，那么基于情景 1，未来一天的利率应为：3.35% + 0.02% = 3.37%。根据 501 组数据，我们可以创造 500 个情景，根据这些情景中的风险因子的数值，我们可以用一定方法计算出 500 个未来一天的组合价值及其对应的损失，如表 57.2 所示。

表 57.2　　　　　　　不同情景下的风险因子、组合价值与损失的数值

情景	股价/美元	利率	…	组合价值/百万美元	损失/百万美元
1	80.2	3.37%	…	16.1	-0.6
2	73.4	3.36%	…	11.3	4.2
…	…	…	…	…	…
499	79.2	3.37%	…	14.4	1.1
500	77	3.39%	…	16.3	-0.8

如表 57.3 所示，我们可以把不同情景下的损失进行排序。

表 57.3　　　　　　　　按损失排序后的各种情景

情景	损失/百万美元
468	7.7
450	6.4
2	4.2
25	4.1
38	3.8
432	3.6
288	3.5
…	…

根据以上排序后的 500 个情景，在 1% 的显著性水平下，未来一天的 VaR 应当是从损失最大的情景开始数，数到第 5 个情景所对应的损失，即 $VaR_{daily}(1\%) = 3.8$（百万美元）。而未来一天的 ES，应当是除 VaR 以外的 4 个最差损失的期望值，即

$$ES_{daily}(1\%) = \frac{7.7 + 6.4 + 4.2 + 4.1}{4} = 5.6（百万美元）。$$

二、历史模拟法的优势与劣势

历史模拟法的优点：

（1）没有繁杂的模拟和计算过程，容易执行；

（2）使用实际的市场数据；

（3）所有风险因子之间的相关性都会反映在价格之中。

历史模拟法的缺点：

（1）对所有的过去观察值赋予相同权重，高估了早期事件的影响力，也低估了近期重要事件的影响（市场中所产生的新信息，不能及时地反映在历史模拟法中）；

（2）历史数据未必能很好地预测未来。

备考小贴士

本节内容偏重定性与定量相结合的考查。考生需要了解如何使用历史模拟法产生情景，最终得到损失分布。

第三节 蒙特卡洛模拟法

一、蒙特卡洛模拟法概述

解释（explain）用于计算在险价值的蒙特卡洛模拟法，并识别（identify）方法的优点和缺点（★★★）

蒙特卡洛模拟法（Monte Carlo simulation）的基本思想和步骤在上册第二十四章中已经了解过，此处是蒙特卡洛模拟在 VaR 的计算中的具体应用之一。蒙特卡洛模拟法需要先根据风险因子的历史数据假设风险因子变动的分布，基于这些分布用计算机产生随机情景，多次重复，最终计算出 VaR。具体操作步骤如下：

第一步，使用当前风险因子的取值对组合的价值进行估值，得到 V_0。

第二步，从假设的风险因子变动的联合分布中随机抽样。

第三步，根据第二步的风险因子的变动，得到风险因子新的取值，产生情景。

第四步，根据第三步的风险因子的情景对组合的价值重新估值，得到 V_1。

第五步，计算 $V_1 - V_0$，得到损失值。

第六步，多次重复第二步到第五步以确定损失分布，可以计算出置信水平下的 VaR。

1. 蒙特卡洛模拟法的优点

（1）从历史数据中发现的风险因子的相关性，可以在假设分布时予以反映，这样就能生成有相关性的情景。

（2）蒙特卡洛方法既可用于线性组合，又可用于非线性组合。

2. 蒙特卡洛模拟法的局限

（1）在假设分布的过程中，将产生模型风险。

（2）蒙特卡洛模拟法需要大量计算，得出结果需要较长时间。

（3）使用历史数据估计的风险因子的特性，未必能很好预测未来的市场变化。

二、相关性的瓦解

> 描述（describe）情景分析中相关性瓦解现象所产生的影响（★）

作为蒙特卡洛模拟法的重要假设，相关性在估计 VaR 的结果中扮演着重要角色。通常假设风险因子间的相关性为常数，这在一般情况下没有问题。然而，在市场处于极端情况时，相关性可能会产生较大变化，这种现象被称为相关性的瓦解（correlation breakdown），是使用模型结果时需要注意的。

在 2007—2008 年金融危机时，房贷出现集中违约，体现出违约相关性较正常情况明显上升的现象。

三、最坏情况分析

> 描述（describe）最坏情况分析和比较（compare）与在险价值的区别（★）

蒙特卡洛模拟法可以用于分析在最坏情况下，头寸的表现。例如，在假设风险因子分布时，可以设置最差情况下的参数，从而得出对应的结果。当然，这种最坏情况分析（worst case analysis）结果不应视作 VaR 或者预期亏空方法的替代，因为该方法仅关注于极端的情况。

备考小贴士

本节内容偏重定性考查。考生需要了解蒙特卡洛模拟法的过程及其优缺点。

第五十八章

波动率的估计与监控

知识引导

使用在险价值、预期亏空等风险测度指标进行风险管理的过程中，往往会假设资产的回报服从正态分布，并预设分布的波动率参数为常数。而在实际的市场环境中，波动率却随时在发生变化。这就会导致实际的资产回报分布偏离我们预先假设的正态分布，产生分布肥尾的现象，即极端值出现的概率更大。为了让资产回报的分布更加接近其实际的分布，应当认为波动率是会随着市场情况的变化而变化的。因此，需要对波动率进行估计并持续监控。

考点聚焦

在本章内容中，考生需要了解用正态分布估计收益率分布的问题；明确条件分布和无条件分布；了解机制转换模型；熟练掌握两个模型的计算，从定性角度区分以及比较两个模型的不同；了解如何赋予不同权重的思想引入历史模拟法。

本章框架图

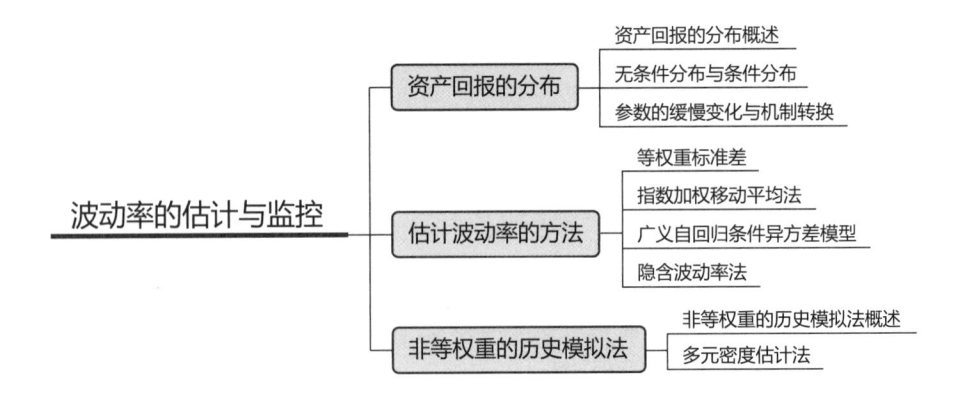

```
                                        ┌── 资产回报的分布概述
                       ┌── 资产回报的分布 ─┤── 无条件分布与条件分布
                       │                  └── 参数的缓慢变化与机制转换
                       │
                       │                  ┌── 等权重标准差
波动率的估计与监控 ─────┤── 估计波动率的方法 ─┤── 指数加权移动平均法
                       │                  ├── 广义自回归条件异方差模型
                       │                  └── 隐含波动率法
                       │
                       │                      ┌── 非等权重的历史模拟法概述
                       └── 非等权重的历史模拟法 ─┤
                                              └── 多元密度估计法
```

第一节　资产回报的分布

一、资产回报的分布概述

> 解释（explain）资产回报的分布是如何偏离正态分布的（★★）
> 解释（explain）回报分布出现肥尾现象的原因以及该现象可能产生的影响（★★）

在风险管理的过程中，如使用 delta-normal 法计算在险价值或者预期亏空时，往往假设资产的回报服从正态分布。而事实上，真实的回报分布却存在肥尾、非对称（通常左偏）的现象，是偏离正态分布的。这就意味着，如果使用正态分布对资产回报建模，可能会低估发生极端损失的概率。产生这种现象的主要原因是资产回报分布的参数（如均值和方差）并非常数，而是会随着市场的变化而变化。

二、无条件分布与条件分布

> 区分（differentiate）条件分布和无条件分布（★★）

所谓无条件分布假设，指的是在任何市场情况下，我们都假设资产回报服从同一个分布，并且认为该分布的参数为常数。比如，我们常常假设回报服从的是一个参数恒定的无条件正态分布。

对应地，条件分布假设指的是，在不同的市场条件下，研究对象服从的分布的参数是随着市场情况而变化的。此时，对应分布被称为条件分布，对应参数被称为条件参数（如条件期望、条件波动率等）。条件分布的研究视角往往更加符合实际，如果回报服从参数会随时间变化的条件正态分布，那么最终回报的无条件分布很有可能就是非正态的。例如，在前面的定量分析课程中提到的两个参数不一样的正态分布的混合分布会出现偏度和超峰度，即非正态分布。

三、参数的缓慢变化与机制转换

> 描述（describe）机制转换在量化波动率时的可能影响（★★）

参数的变化，可以是缓慢变化（slow changes），也可以是如图 58.1 所示的剧烈变化，这种剧烈变化也被称为机制转换（regime switching）。通常认为，参数发生缓慢变化（slow changes）是比较合理的。但如果经济环境发生实质变化时，设置参数发生剧烈变化的效果更好。

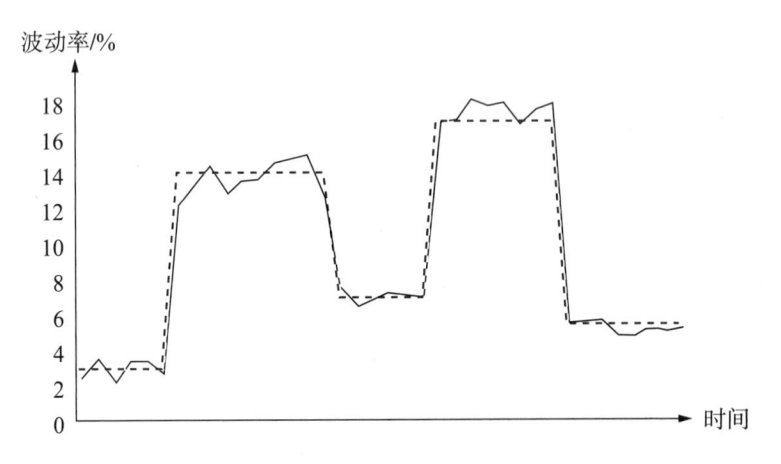

图 58.1 波动率机制转换示意图

> **备考小贴士**
>
> 本节内容偏重定性考查。考生需要了解用正态分布估计收益率分布的问题；明确条件分布和无条件分布；了解机制转换模型量化波动率的影响。

第二节 估计波动率的方法

一、等权重标准差

> 使用不同方法计算（calculate）条件波动率（★★）

在风险管理领域，波动率一词通常指代资产回报在一天中的标准差。如果要估计第 n 天的标准差，则可在等权重的情况下，计算过去 m 天的回报的标准差，作为第 n 天标准差的估计值。这种方法被称为等权重标准差（equally weighted standard deviation），具体过程如下。

将第 i 天的收益率定义为：

$$r_i = \frac{S_i - S_{i-1}}{S_{i-1}} \tag{58.1}$$

其中，S_i 指第 i 天的资产价格。

定义过去 m 天的回报均值为：

$$\bar{r} = \frac{1}{m} \sum_{i=1}^{m} r_{n-i} \tag{58.2}$$

第 n 天的方差的估计值为：

$$\sigma_n^2 = \frac{1}{m-1} \sum_{i=1}^{m} (r_{n-i} - \bar{r})^2 \tag{58.3}$$

其中，$\bar{r}$ 指 m 天内资产收益率的均值。

例如，如果需要估计明天（第 n 天）的标准差，则搜集从今天（第 $n-1$ 天）起至第 $n-m$ 天的 m 个资产回报的数据，并计算标准差。该标准差即为明天（第 n 天）的标准差的估计值。在计算样本方差时，各回报与均值的差额，在平方并加总后，应除以 $m-1$ 而不是 m。

在实际使用过程中，也会对这种方法进行一定的假设与简化。当样本容量 m 比较大时，除以 $m-1$ 可用除以 m 代替；由于日回报属于短期回报值，短期回报均值近似为0，因此可将回报的均值 $\bar{r}$ 设置为0。简化近似后，第 n 天的方差的估计值为：

$$\sigma_n^2 = \frac{1}{m}\sum_{i=1}^{m} r_{n-i}^2 \qquad (58.4)$$

在估计过程中，m 的大小（选择多大的时间窗口）将影响波动率的计算结果。如果 m 太小，那么估计误差会比较大，并且如果在时间窗口中出现或者剔除极端值时，估计结果将出现较大变动；如果 m 太大，那么将加入过多的久远数据，久远数据和当前实况的相关性较低，最终也会使估计结果不可靠。

此外，对于历史回报设置相等的权重并不是最理想的处理，一般而言，靠近当前的数据和预测结果的相关性更大，那么靠近当前的数据应当被设置更大的权重，对应地，相对久远的数据应当被设置更小的权重。

二、指数加权移动平均法

运用（apply）EWMA 模型估计波动率（★★★）
描述（describe）一个关于更新相关系数估计的例子（★★★）

1. 估计波动率

指数加权移动平均法（exponentially weighted moving average，EWMA），改进了上述"等权重"问题，它赋予最近的数据最大的权重，而对于更加久远的数据，则施以指数递减（exponentially declining）的权重。例如，如果需要估计明天的数据，那么最近（今天）的数据的权重为 w_0，昨天数据的权重为 $w_0\lambda$，前天的数据权重为 $w_0\lambda^2$，依次类推。其中，λ 是一个介于0到1之间的权重参数。在所有历史数据权重之和等于1的条件下，可以推出 $w_0 = 1 - \lambda$。

具体推导过程如下。

令所有权重之和等于1，则有：

$$w_0 + w_0\lambda + w_0\lambda^2 + w_0\lambda^3 + \cdots + w_0\lambda^{k-1} = 100\%$$

利用等比数列求和公式 $S_n = a_1\dfrac{1-q^n}{1-q}$ 可得：

$$w_0\frac{1-\lambda^k}{1-\lambda} = 100\%$$

当历史数据足够多，即 $k \to \infty$ 时有：

$$\frac{w_0}{1-\lambda} = 100\%$$

则：

$$w_0 = 1 - \lambda$$

因此，对于第 n 天方差的估计运用 EWMA 估计，推导如下：

在等权重的标准差近似计算中，选择时间窗口为 m 的情况下，每一天的权重都是 $1/m$，计算公式为：

$$\sigma_n^2 = \frac{1}{m} \sum_{i=1}^{m} r_{n-i}^2$$

依次类推，递减权重的第 n 天的方差的估计可以表示为：

$$\sigma_n^2 = (1-\lambda)\lambda^0 r_{n-1}^2 + (1-\lambda)\lambda^1 r_{n-2}^2 + (1-\lambda)\lambda^2 r_{n-3}^2 \cdots + (1-\lambda)\lambda^{m-1} r_{n-m}^2$$

可以发现这是一个时间序列的估计模型，因此，递减权重的第 $n-1$ 天的方差估计可以表示为：

$$\sigma_{n-1}^2 = (1-\lambda)\lambda^0 r_{n-2}^2 + (1-\lambda)\lambda^1 r_{n-3}^2 + (1-\lambda)\lambda^2 r_{n-4}^2 + \cdots + (1-\lambda)\lambda^{m-2} r_{n-m}^2$$

将上述式子乘以 λ，可以表示为：

$$\lambda \sigma_{n-1}^2 = (1-\lambda)\lambda^1 r_{n-2}^2 + (1-\lambda)\lambda^2 r_{n-3}^2 + (1-\lambda)\lambda^3 r_{n-4}^2 + \cdots + (1-\lambda)\lambda^{m-1} r_{n-m}^2$$

上述式子和第 n 天方差估计的公式的第 2 项往后是一样的，因此可以用 $\lambda \sigma_{n-1}^2$ 来替换，则表示为：

$$\sigma_n^2 = (1-\lambda) r_{n-1}^2 + \lambda \sigma_{n-1}^2 \tag{58.5}$$

这样可以得到指数加权平均法下的波动率估计的公式，只需要储存最近回报的平方值 r_{n-1}^2 和最近的方差估计值 σ_{n-1}^2 即可，这大大降低了需要储存的数据量。

对于 λ 的大小，风险管理服务提供商 RiskMetrics 曾给出 $\lambda = 0.94$ 的建议。

例题 58.1

假设对今天的波动率估计值为 3%，今天观测到的回报值为 1%，假设 $\lambda = 0.94$，请用 EWMA 模型估计明天的波动率。

名师解析

将题目条件代入 EMWA 模型：

$$\sigma_n^2 = (1-\lambda)r_{n-1}^2 + \lambda\sigma_{n-1}^2$$

$$= (1-0.94)\times 1\%^2 + 0.94\times 3\%^2$$

$$= 0.000852$$

$$\sigma_n = \sqrt{0.000852} = 2.92\%$$

2. 估计相关系数

EWMA 模型也可以用于估计两个变量之间的协方差与相关系数。假设现有两个资产 X 和 Y，两项资产在第 $n-1$ 天的回报分别为 X_{n-1} 和 Y_{n-1}，协方差为 Cov_{n-1}。那么，第 n 天两项资产的协方差估计值为：

$$Cov_n = (1-\lambda)X_{n-1}Y_{n-1} + \lambda Cov_{n-1} \tag{58.6}$$

其中，λ 为权重参数。

同理，我们可以用 EWMA 方法把两项资产第 n 天的波动率估计出来，则第 n 天的相关系数的估计值为：

$$\rho_n = \frac{Cov_n}{\sigma_{x,n}\sigma_{y,n}} \tag{58.7}$$

需注意，在计算相关系数时，需要保持一致性，即如果使用 EWMA 模型估计协方差，资产 X 和 Y 的标准差也要使用 EWMA 模型进行计算，且使用同样的参数值 λ。

三、广义自回归条件异方差模型

> 解释（explain）和运用（apply）估计长期波动率/VaR 的不同方法，并描述（describe）GARCH (1, 1) 模型中的均值复归的过程（★★★）
>
> 描述（describe）均值复归在估计长期条件波动率估计中的影响（★★★）

广义自回归条件异方差模型（generalized autoregressive conditional heteroskedasticity model，GARCH）的其中一种——GARCH(1, 1) 模型，其表达式为：

$$\sigma_n^2 = \gamma V_L + \alpha r_{n-1}^2 + \beta \sigma_{n-1}^2 \tag{58.8}$$

其中，r_{n-1}^2 指第 $n-1$ 天回报的平方值，α 为其权重；σ_{n-1}^2 指第 $n-1$ 天回报方差的估计值，β 为其权重；V_L 指长期方差水平，γ 为其权重，且 $\alpha + \beta + \gamma = 1$。

从式（58.8）可以看出，GARCH(1, 1) 模型除了和 EWMA 模型一样考虑了回报和方差的估计值，还加入了长期方差水平 V_L，并赋予其权重 γ。EWMA 模型可以看作是 GARCH(1, 1) 模型的特殊形式：当 $\gamma = 0$，且令 $\alpha = 1 - \lambda$，$\beta = \lambda$ 时，GARCH(1, 1) 模型即EWMA模型。

令 $\omega = \gamma V_L$，此时 GARCH(1, 1) 也可以表示为式（58.9）：

$$\sigma_n^2 = w + \alpha r_{n-1}^2 + \beta \sigma_{n-1}^2 \tag{58.9}$$

并有式（58.10）：

$$V_L = \frac{w}{1 - \alpha - \beta}, \quad \alpha + \beta < 1 \tag{58.10}$$

例题 58.2

某 GARCH(1, 1) 模型表示为 $\sigma_n^2 = 0.000002 + 0.13 r_{n-1}^2 + 0.86 \sigma_{n-1}^2$。当前的波动率估计值为每天 1.6%，最新的资产日回报值为 1%。请问新的波动率估计值是多少？模型中隐含的长期方差是多少？

名师解析

将题设条件代入 GARCH(1, 1) 模型：

$$\sigma_n^2 = 0.000002 + 0.13 \times (1\%)^2 + 0.86 \times (1.6\%)^2 = 0.00023516$$

$$\sigma_n = \sqrt{0.00023516} = 1.53\%$$

则新的波动率为 1.53%。

根据 GARCH(1, 1) 的性质可得：

$$V_L = \frac{0.000002}{1 - 0.13 - 0.86} = 0.0002$$

则模型隐含的长期方差为 0.0002。

我们可以使用 GARCH(1, 1) 模型对 t 天之后的方差或波动率进行估计，此时 t 天之后的方差期望值为：

$$E(\sigma_{n+t}^2) = V_L + (\alpha + \beta)^t (\sigma_n^2 - V_L) \tag{58.11}$$

式（58.11）的推导如下（过程只作展示，考生无须掌握）。

根据 GARCH(1, 1) 模型：

$$\sigma_n^2 = (1 - \alpha - \beta) V_L + \alpha r_{n-1}^2 + \beta \sigma_{n-1}^2$$

展开并移项合并后，可得：

$$\sigma_n^2 - V_L = \alpha(r_{n-1}^2 - V_L) + \beta(\sigma_{n-1}^2 - V_L)$$

令 $n = n + t$，则：

$$\sigma_{n+t}^2 - V_L = \alpha(r_{n+t-1}^2 - V_L) + \beta(\sigma_{n+t-1}^2 - V_L)$$

对市场收益率的实际值求期望应当等于模型对其的估计值，则有：

$$E(r_{n+t-1}^2) = \sigma_{n+t-1}^2$$

对模型两边求期望并整理：

$$E(\sigma_{n+t}^2 - V_L) = (\alpha + \beta) E(\sigma_{n+t-1}^2 - V_L)$$

使用模型自身性质进行递归表示：

$$E(\sigma_{n+t}^2 - V_L) = (\alpha + \beta)^t (\sigma_n^2 - V_L)$$

整理后得：

$$E(\sigma_{n+t}^2) = V_L + (\alpha + \beta)^t (\sigma_n^2 - V_L)$$

此外，如图 58.2 所示，使用 GARCH(1, 1) 模型计算出的波动率，会体现均值复归（mean reversion）的过程。而实际市场中，波动率确实会存在均值复归的现象，GARCH(1, 1) 正好可以反映这一点。不难看出，当 t 值比较大时，由于 $\alpha + \beta < 1$，此时 t 天之后估计值会趋近于长期水平。如图 58.2 所示，如果当前波动率水平高于长期波动率水平，那么模型的估计值未来会向下复归至长期水平附近；如果当前波动率水平低于长期波动率水平，那么模型的估计值未来会向上复归至长期水平附近。$\alpha + \beta$ 被称为维持能力（persistence level），当维持能力较大时，估计方差向长期方差复归速度较慢；反之，则较快。

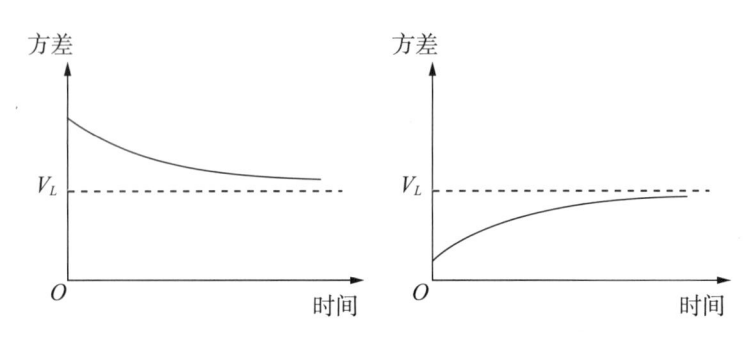

图 58.2 GARCH (1, 1) 估计值均值复归示意图

在关注波动率均值复归时，可以与通过平方根法则计算长期波动率的方法相联系，并发现平方根法则的潜在问题。回忆本书前面提到的方法，已知 1 期的波动率，J 期的波动率计算公式为：

$$\sigma_{J期} = \sigma_{1期} \times \sqrt{J}$$

在波动率具有均值复归现象时，使用这个方法来计算 J 期波动率可能会存在问题：

（1）如果当前的波动率高于长期的波动率水平，使用平法根法则将高估 J 期波动率；

（2）如果当前的波动率低于长期的波动率水平，使用平法根法则将低估 J 期波动率。

四、隐含波动率法

评估（evaluate）使用隐含波动率对未来波动率进行估计以及该方法的缺点（★★★）

隐含波动率（implied volatility）是根据 BSM（Black-Scholes-Merton）期权定价模型，通过期权的市场价格倒求出的基础资产的波动率。该波动率也可以作为未来波动率的估计值。

隐含波动率反映了期权投资者对于基础资产未来的预期，所以它是前瞻的（forward looking）。而基于历史数据估计的波动率（如 EWMA 和 GARCH 模型估计的波动率）是后瞻的（backward looking）。实证研究表明，有些时候，隐含波动率会比历史波动率有更好的估计效果。

当然，隐含波动率法也有它的局限。如果在期权市场并没有以目标资产作为基础资产的期权产品，那么便无法得到该资产的隐含波动率。

> **备考小贴士**
>
> 本节内容偏重定性与定量相结合的考查。本部分属于传统重点内容，是从数量分析部分调整过来的。考生需要熟练掌握两个模型的计算，从定性角度区分以及比较两个模型的不同。

第三节　非等权重的历史模拟法

一、非等权重的历史模拟法概述

历史模拟法是上一章介绍的 VaR 的估计方法之一。它的特点是无须假设分布，对历史回报赋予相同的权重并进行升序排序，借助累积权重求出 VaR 值。例如，假设某组合使用历史模拟法所估计的情景与隐含权重如表 58.1 所示。

表 58.1　　　　　　　某组合使用历史模拟法所估计的情景

情景	组合损失/USD million	第 n 天以前	权重	累积权重
468	7.7	31	0.20%	0.20%
450	6.4	49	0.20%	0.40%
2	4.2	497	0.20%	0.60%
25	4.1	474	0.20%	0.80%
38	3.8	461	0.20%	1.00%
432	3.6	67	0.20%	1.20%
288	3.5	211	0.20%	1.40%
…	…	…	…	…

根据以上排序后的 500 个情景，在 1% 的显著性水平下，未来一天的 VaR 应当是累积权重为 1% 所对应的损失，即 $\text{VaR}_{\text{daily}}(1\%) = \text{USD } 3.8 \text{ million}$。而未来一天的 ES 应当是除 VaR 以外的最差损失的期望，即 $\text{ES}_{\text{daily}}(1\%) = \dfrac{7.7 + 6.4 + 4.2 + 4.1}{4} = \text{USD } 5.6 \text{ million}$。

从以上方法我们不难看出，该方法也存在"等权重"的问题。为了改进历史模拟法，可以通过一定方法，对历史回报值设置不同的权重。

一种方法是和 EMWA 模型类似，对历史回报值设置指数递减的权重。如最近的数据权重 $w_1 = (1 - \lambda) \times \lambda^0$，比它早一天的回报值权重 $w_2 = (1 - \lambda) \times \lambda^1$，以此类推。在上例中，如果我们使用该方法，在 $\lambda = 0.94$ 的条件下，对各情景计算权重，则有表 58.2。例如，情景 468 的权重应当为 $w_{31} = (1 - 0.94) \times 0.94^{31-1} = 0.937534\%$。

表 58.2　　　　　　　　　　$\lambda = 0.94$ 时各情景的权重

情景	组合损失/USD million	第 n 天以前	权重	累积权重
468	7.7	31	0.937534%	0.94%
450	6.4	49	0.307814%	1.2453%
2	4.2	497	0.000000%	1.2453%
25	4.1	474	0.000000%	1.2453%
38	3.8	461	0.000000%	1.2453%
432	3.6	67	0.101062%	1.3464%
288	3.5	211	0.000014%	1.3464%
…	…	…	…	…

此时，累积权重为 1% 所对应的损失应当是介于情景 450 下的组合损失与情景 468 下的组合损失之间的某一个数值对应的损失，则 $\text{VaR}_{\text{daily}}(1\%) =$ USD 6.4 million。而对于 1% 的尾部损失，可以看作 94% 的可能性（0.94%/1%）对应损失为 USD 7.7 million，剩下的 6% 的可能性对应损失为 USD 6.4 million，则 $\text{ES}_{\text{daily}}(1\%) = 7.7 \times 0.94 + 6.4 \times 0.06 =$ USD 7.622 million。

非等权重的历史模拟法将历史模拟法以非参数法转换为参数法，因为权重的递减需要引入一个参数 λ。

二、多元密度估计法

另一种调整权重的方法是多元密度估计法（multivariate density estimation，MDE）。简单来说，这种方法先将回报进行归因，找到可能影响回报的多个因子（如利率水平、GDP 增长率等）。然后通过历史回报和当前市场的因子进行比较，得出该历史回报与当前市场的相似性情况。如果某个历史回报所对应的因子和当前市场情况的因子相似性高，则赋予该历史回报更大权重。例如，假设我们将影响因子选定为利率水平，且假设当前市场利率水平为 3.5%。在过去 100 天的数据中，87 天前的利率水平为 3.48%，是 100 天中利率水平和当前最接近的，相似性最高。我们就可以赋予第 87 天前的回报最大的权重（即便 87 天前离今天很远）。接下来，再将历史数据进行排序，通过累计权重算出在险价值或者预期亏空。

备考小贴士

　　本节内容偏重定性与定量相结合的考查。考生需要了解如何将赋予不同权重的思想引入历史模拟法。

第五十九章

外部信用评级与内部信用评级

知识引导

在对信用风险的测度和管理的过程中，信用评级扮演着重要的角色。信用评级可以分为外部信用评级与内部信用评级。外部信用评级是指委托人聘请第三方评级机构为代理人，进行有关评级的事项。内部信用评级是指金融机构使用内部的评级系统，对经济活动的风险和收益进行评估和预测的信用管理过程。

考点聚焦

对于本章的知识，考生可从定性和定量两个角度进行掌握。考生要能够解释外部信用评级的尺度和流程以及评级与违约的关系；解释相关因素对外部信用评级的影响；比较外部信用评级和内部信用评级的区别。

本章框架图

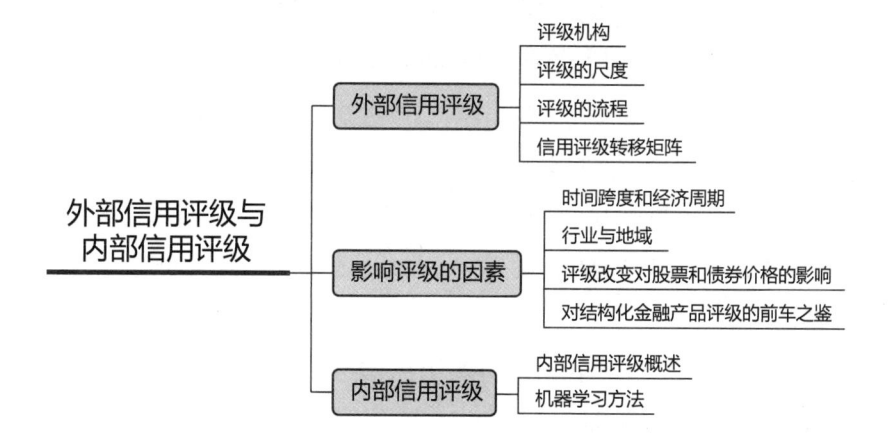

```
                              ┌─ 评级机构
                              ├─ 评级的尺度
                 ┌─ 外部信用评级 ─┤
                 │            ├─ 评级的流程
                 │            └─ 信用评级转移矩阵
                 │            
外部信用评级与    │            ┌─ 时间跨度和经济周期
内部信用评级  ───┤            ├─ 行业与地域
                 ├─ 影响评级的因素 ─┤
                 │            ├─ 评级改变对股票和债券价格的影响
                 │            └─ 对结构化金融产品评级的前车之鉴
                 │            
                 └─ 内部信用评级 ─┬─ 内部信用评级概述
                                └─ 机器学习方法
```

第一节　外部信用评级

> 描述（describe）外部评级的尺度和流程（★★）

一、评级机构

1. 评级机构概述

> 描述（describe）评级和违约的关系（★★）

信用评级主要是对评级对象的违约可能性进行评价，所以信用评级与违约率有着很紧密的联系。信用评级与违约率在排序上的相关关系，表现为信用评级越高的企业，违约率越低。以标普为例，BBB-级及BBB-级以上是投资级，违约概率低，BBB-级以下是非投资级，违约概率高。随着评级下降，违约概率差异也逐渐变大，在BBB级和BB级之间的跨度，即投资与投机级别之间的跨度尤其大。

信用评级机构是按照一定标准对信用风险提供独立意见的组织。在众多评级机构中，最负盛名的当属穆迪（Moody's）、标普（S&P）和惠誉（Fitch），他们的评级结果被市场参与者和监管机构广泛接受。三大评级机构对信用评级的定义基本一致：信用评级是对债务人还债能力和偿债意愿的综合评价。评级机构通过综合考虑各种因素对评级对象信用质量可能产生的影响，最后将信用质量用简单的评级符号表示。

2. 评级的对象

根据评级对象不同，信用评级可分为主体信用评级（issuer credit rating）和债项评级（issue-specific credit rating）。

（1）主体信用评级是指受评主体如期偿还其全部债务及利息的能力和意愿的综合评价，主要评价的是受评主体长期违约率的大小。主体信用评级不针对债务人具体的债务，也不考虑具体债务的抵押担保。

（2）债项评级是指评级机构对发行人发行的债务工具或其他金融产品的评级，评定的是该债务工具或金融产品违约的可能性及违约损失的严重性。除了需要考虑债务人的特性以外，还需要考虑债务本身的性质，如抵押品、担保人的信用资质。

二、评级的尺度

根据期限不同，信用评级又分为长期评级和短期评级。

1. 长期评级

表 59.1 为三大评级机构的长期信用评级符号。

表 59.1　三大评级公司的长期信用评级符号

	信用质量	Moody's	S&P	Fitch
投资级	最高等级	Aaa	AAA	AAA
	较高等级	Aa1	AA+	AA+
		Aa2	AA	AA
		Aa3	AA−	AA−
	较强的偿还能力	A1	A+	A+
		A2	A	A
		A3	A−	A−
	足够的偿还能力	Baa1	BBB+	BBB+
		Baa2	BBB	BBB
		Baa3	BBB−	BBB−
投机级	能够偿还全部债务，但存在不确定性	Ba1	BB+	BB+
		Ba2	BB	BB
		Ba3	BB−	BB−
	高风险债务	B1	B+	B+
		B2	B	B
		B3	B−	B−
	非常大的信用风险	Caa1	CCC+	CCC+
		Caa2	CCC	CCC
		Caa3	CCC−	CCC−
	几乎确定违约	Ca	CC	CC
	最低评级	C	C	C

由表 59.1 可见，穆迪、标普和惠誉的长期债务信用评级主要包括投资级和投机级等两大类别。对于标普和惠誉，投资级包括 AAA、AA、A 和 BBB，投机级包括 BB、B、CCC、CC 和 C。对于穆迪，投资级包括 Aaa、Aa、A 和 Baa，投机级包括 Ba、B、Caa、Ca 和 C。如果企业已经发生违约，则赋予 D 评级。

此外，评级机构还通过在信用等级后添加修饰符的方式，将等级进行更加细致的划分。例如，标普和惠誉会将 AA 层级分为 AA+、AA、AA-，而穆迪会将 Aa 层级划分 Aa1、Aa2、Aa3。

例题 59.1

穆迪对一家公司进行信用评级，认为该公司能够偿还全部债务，但存在不确定性，并将其评定为 Ba1。如果惠誉同时也对其进行评级，最有可能的评级结果是？

A. BBB　　　B. BB　　　C. BB+　　　D. BB-

名师解析

答案为 C。穆迪的 Ba1 评级通常对应惠誉的 BB+ 评级。

> **备考小贴士**
>
> 关于长期评级表示方法，考生应了解评级的大致排序关系（比如，BBB 级比 BB 级更好，Ba1 级比 Ba3 级更好等）。此外，考生应了解 BBB-/Baa3 是投资级和投机级的分水岭。

2. 短期评级

穆迪、标普和惠誉的短期信用评级符号体系主要用于短期债券评级。

如表 59.2 所示，在投资级中，穆迪有三个等级，分别为 P-1、P-2、P-3，P 代表 Prime（优质）。投机级中，穆迪只有一个等级——NP，代表 Non-Prime（不优质）。标普的 A-1+和 A-1 两级整体对应穆迪 P-1 级，A-1+比 A-1 等级更高，其余评级依次是 A-2、A-3、B、C、D。相似地，惠誉的评级依次是 F1+、F1、F2、F3、B、C、D。

表 59.2　　　　　　　　　三大评级公司的短期信用评级符号

信用质量	Moody's	S&P	Fitch
投资级	P-1	A-1+/A-1	F1+/F1
	P-2	A-2	F2
	P-3	A-3	F3
投机级	NP	B	B
		C	C
		D	D

三、评级的流程

1. 评级流程的特点

当信用评级机构开展信用评级工作时，往往会在公开交易债券或者货币市场工具首次发行时，给予初始评级。在之后的时间，评级机构会定期进行回顾，在需要改变评级时进行调整。

评级结果的得出，是一个复合的分析判断过程，通常会结合历史和预测的财务数据、行业和经济的数据以及同业比较等信息。此外，一些定性的因素也会被考量，如机构治理结构、目标公司管理层访谈结果等。

虽然评级的结果为投资者所用，但评级的费用却往往由被评级公司来支付，其中可能产生的利益冲突是不言而喻的，如评级机构可能会为了招揽业务而给予目标公司相对较好的评级。当然也有人认为，评级机构可能会为了维护自己的市场声誉，而给予公允的评级。

2. 评级展望与评级观察名单

作为对评级结果的有效补充，评级展望（outlook）和评级观察名单（watchlist）也是评级符号体系的重要组成部分，用以表明评级机构对被评对象未来中期信用状况发展走向的预判。将评级展望应用于长期信用评级中，风险评估体系可以体现评级变化的趋势和风险。各家机构的评级展望分类大体相同，主要分为正面（positive）、负面（negative）、稳定（stable）和发展中（developing）四类。正面、负面、稳定分别意味着未来评级可能会上调、下调和保持不变，发展中意味着评级机构尚不能判断评级未来可能的走向。

根据所获信息，如果评级机构预测目标公司短期内可能发生足以影响评级的事件，可能会把目标公司加入评级观察名单。观察名单一般分为两类，正面（positive）和负面（negative）。正面意味着短期内可能会上调评级，负面则意味着短期内可能下调评级。当然，最终是否会调整评级，还需要评级机构获取更多信息后才能决定，而相关意见，一般会在 90 天内给出。

四、信用评级转移矩阵

> 描述（describe）、计算（calculate）和理解（interpret）信用评级转移矩阵并解释（explain）其使用方法（★★）

信用评级调整是信用评级机构重要的评级行动之一。度量信用评级转移的工具为信用评级转移概率矩阵（transition matrix）。在假设每个期间的评级转移是相互独立的情况下，信用转移矩阵通过将期初的评级状况与期末的评级状况进行比较，度量在特定时间内，评级从当前评级转移到其他评级的概率。表 59.3 给出了一个简化的转移矩阵的例子。

表 59.3　　　　　　　　　信用级别的转移概率

期初状态	期末			
	A	B	C	D
A	0.95	0.05	0.00	0.00
B	0.03	0.90	0.05	0.02
C	0.01	0.10	0.75	0.14
D	0.00	0.00	0.00	1.00

表 59.3 中只有四种状态：A、B、C、D，最后一种状态 D 表示违约。假设一个公司在期初信用级别为 B，该公司在 2 年内可能违约的情形有下列两种。

第一种是在第 1 年就出现违约，信用级别由 B 直接转移到 D，违约概率为 $P(D_1 | B_0) = 2\%$。

第二种是在第 2 年违约，此时有三条路径：

（1）B-A-D，$P(A_1 | B_0)P(D_2 | A_1) = 0$；

(2) B-B-D，$P(B_1|B_0)P(D_2|B_1) = 0.9 \times 0.02 = 0.018$；

(3) B-C-D，$P(C_1|B_0)P(D_2|C_1) = 0.05 \times 0.14 = 0.007$。

因此2年内的累积违约概率为2%+1.8%+0.7%=4.5%。

例题 59.2

假设某公司1年的信用转移矩阵如表59.4所示，某公司期初时刻信用级别为A，求其3年内的累积违约概率。

表59.4　　　　　　　　　　某公司信用评级转移矩阵

期初状态	期末		
	A	B	违约
A	98%	2%	0.00
B	10%	85%	5%
违约	0.00	0.00	100%

名师解析

3年内违约的路径有三条，其累积概率分别为：

A→D：0%

A→B→D：2% × 5% = 0.1%

A→B→B→D：2% × 85% × 5% = 0.085%

A→A→B→D：98% × 2% × 5% = 0.098%

3年内的累积违约概率 = 0.1% + 0.085% + 0.098% = 0.283%

> **备考小贴士**
>
> 本节内容偏重定性考查。考生需要了解外部信用评级机构、评级方法；明确评级符号；了解评级转移矩阵。

第二节　影响评级的因素

> 描述（describe）时间跨度、行业和地理位置对外部评级的影响（★★）

一、时间跨度和经济周期

> 解释（explain）和比较（compare）时点评级法和跨周期评级法（★★）

根据时间跨度的不同，可以将风险计量技术分为时点评级法（point-in-time）和跨周期评级法（through-the-cycle）。时点评级法是基于当前获得的信息反映评级对象信用风险的方法，而跨周期评级法则会采用一个经济周期以上的历史数据综合评估评级对象的信用风险。两种计量方法如图59.1所示。

（a）时点评级法

（b）跨周期评级法

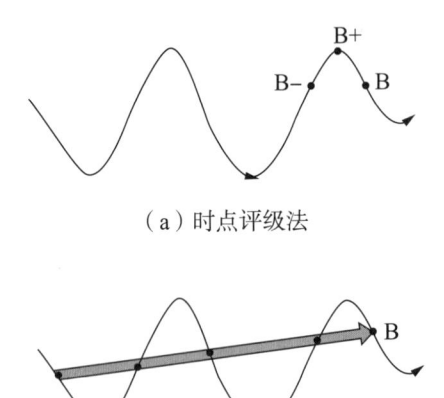

图 59.1　采用不同时间跨度的风险计量方法

时点评级法的特点是结果比较精准，能够及时反映市场的新信息，但由于评级结果时常随评级对象的信用状况变动而变动，造成评级结果的波动性较大。

在跨周期评级法下，只有能够影响评级对象长期信用基本面的情况出现时，评级才会调整。因此，其优点是评级结果相对稳定，而缺点是评级可能会滞后于市场信息，在准确性上不及时点评级法。并且，在经济增长时，跨周期评级的结果会出现低估现象，而在经济萧条时，评级结果会出现高估现象。

二、行业与地域

理论上，具有相同信用等级的债券发行人，应该具有相同或相近的违约概率。也就是说，无论在任何时点、处在任何地域、从属于任何行业，具有相同信用等级的债券发行人都应该具有相同的主体违约概率。

然而由于在同一经济环境下，不同行业有着不同的运行特征和风险特征，每个行业都有区别于其他行业的特殊风险，因此不同行业公司的信用评级会出现异质化（heterogeneity）或多样化（diversification）的现象。例如，同样信用等级的一家银行和一家制造业公司，银行的违约率就可能高于制造业公司。不同地域的公司（如欧洲和美国的公司），同一评级的不同公司的违约概率的相近性相对更高，但也往往存在相当的差异。

三、评级改变对股票和债券价格的影响

> 描述（describe）信用评级的改变和股票债券价格变化的关系（★★）

信用评级的改变对股票和债券的价格影响是非对称的（asymmetric reactions）。当信用评级下调（特别是从投资级下调至投机级）的时候，往往会对相关企业的股票和债券价格产生非常严重的负面影响。而当信用评级上调的时候，虽然会对相关的股票和债券价格产生正面影响，但这种影响通常不及当评级下调时所产生的负面影响那么大。

四、对结构化金融产品评级的前车之鉴

> 解释（explain）在投资决策中使用信用评级造成的历史失败事例和潜在问题（★★）

众所周知，评级机构在2007—2009年金融危机期间对结构化金融产品的错误评级，使自己声誉扫地。与传统债务工具评级不同的是，评级机构主要依赖于模型对结构化金融产品进行评级。然而，他们对于模型的输入变量却过于乐观（例如，低估了对资产池当中的资产间违约相关性，而当危机来临时违约相关性往往急剧上升）。

并且，各评级机构对自己的评级方法也较少进行保密，如市场参与者可以知道，惠誉和标普的评级主要基于结构化金融产品发生损失的概率，而穆迪的评级主要基于本金亏损的预期损失比例。这就使产品设计者有了钻空子的机会。他们会反复地调整自己的产品，以期获得一个更好的评级。

此外，被评级人付费的模式中，评级机构是否能保持中立，也是大众质疑的方面之一。因此，从那时起，评级机构也受到了更多的监管，而银行的监管者也不再利用评级机构来决定银行的监管资本的大小。

> **备考小贴士**
> 本节内容偏重定性考查。考生需要了解各种可能会影响信用评级的因素。

第三节　内部信用评级

一、内部信用评级概述

> 比较（compare）外部评级和内部评级方法（★★）

以银行为代表的金融机构往往需要对其客户进行信用评估，但外部评级机构所提供的服务并不能满足其全部需求，原因是外部评级机构通常只关注在公开市场中交易的债券或者货币市场工具。因此这些金融机构便需要仿照外部评级机构，建立自己的内部信用评级体系。

内部评级和外部评级一样，可以采用时点评级法和跨周期评级法。如果更加重视准确性，金融机构可能更加偏向于时点评级法。不过，时点评级法具有的顺周期性（pro-cyclical），可能在一些情况下不利于金融市场的健康发展。当经济处于上升趋势时，银行容易给出较高评级，也有更大的贷款意愿，然而此时企业可能并不需要资金的补充，过多的资金只会加速经济泡沫的膨胀；而当经济处于下降趋势时，企业亟需补充流动性，而此时银行普遍给出较低评级，缩减贷款规模，经济复苏的速度将会放缓。

为检验内部评级的客观性和准确性，需要通过历史数据对风险计量模型进行回测（back-test），根据测试结果对计量方法和模型进行调整和改进，实现持续的自我完善。

二、机器学习方法

随着金融科技的发展，一些金融机构已经开始尝试借助机器学习，通过一定算法将信用好的客户与信用不良的客户进行区分。在这个领域的先行者是 Altman，他在 1968 年提出 Z-score 模型，通过统计方法进行辨别分析。对于制造业企业，Z-score 为：

$$Z = 1.2 X_1 + 1.4 X_2 + 3.3 X_3 + 0.6 X_4 + 0.999 X_5 \tag{59.1}$$

其中：

$$X_1 = \frac{营运资本}{总资产}$$

$$X_2 = \frac{留存收益}{总资产}$$

$$X_3 = \frac{息税前利润}{总资产}$$

$$X_4 = \frac{权益市值}{负债账面价值}$$

$$X_5 = \frac{销售收入}{总资产}$$

Z-score 越低，企业的违约概率越高。当 Z-score 的数值高于 3 时，企业违约的可能性较低，当数值低于 1.8 时，预示着企业违约的可能性较大。

当然，最新的机器学习的算法将会更加复杂，会使用更多的输入变量，也会利用更多的数据。

> **备考小贴士**
>
> 本节内容偏重定性考查。考生需要了解内部信用评级和外部信用评级的区别与联系；了解机器学习在内部信用评级中的运用。

第六十章

信用风险的度量

知识引导

存贷业务是银行类金融机构的传统主营业务,因此,对于这些金融机构,信用风险的识别、度量与管理是非常关键的。在过去,信用风险的管理是差异化的、个性化的,缺乏全球一致的标准,而在巴塞尔委员会成立后,特别是巴塞尔协议 I 出台后,对信用风险的管理逐渐变得更加统一、规范。本章的内容将重点围绕信用风险的度量方法展开,目的是让考生对相关知识有一定的框架性认识。

考点聚焦

在本章介绍的信用风险度量模型中,有的模型并不简单。考生应就这些方法的核心思想进行重点掌握,对艰深的技术细节进行次要掌握。此外,考生应明确预期损失和非预期损失的概念,以及银行对这两种损失的管理方法;掌握计算信用损失分布的标准差的方法;明确欧拉定理的具体用途。

本章框架图

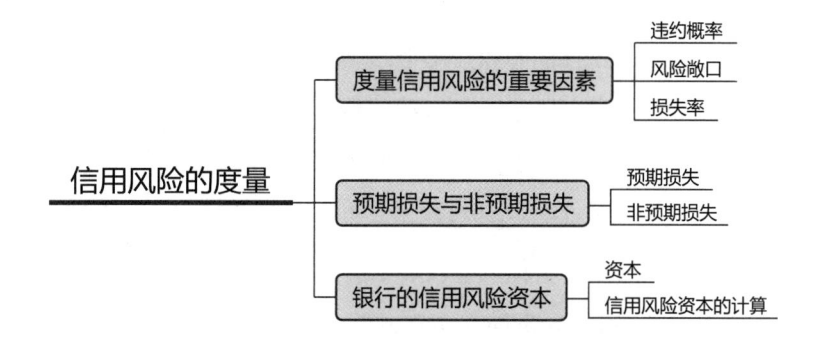

```
                      ┌─ 度量信用风险的重要因素 ─┬─ 违约概率
                      │                          ├─ 风险敞口
                      │                          └─ 损失率
                      │
信用风险的度量 ───────┼─ 预期损失与非预期损失 ───┬─ 预期损失
                      │                          └─ 非预期损失
                      │
                      └─ 银行的信用风险资本 ─────┬─ 资本
                                                 └─ 信用风险资本的计算
```

第一节 度量信用风险的重要因素

在量化信用风险的过程中，有三个重要因素需要我们掌握。它们分别是违约概率（probability of default）、风险敞口（exposure）和损失率（loss rate）。本节内容将围绕这三个因素展开。

一、违约概率

> 定义（define）条件和非条件违约概率，并解释（explain）它们之间的区别（★★★）
> 定义（define）并使用风险率计算信用资产的无条件违约概率（★★★）
> 定义（define）回收率（★★★）

1. 违约概率的分类

（1）发行人违约率与金额违约率

违约概率（probability of default，PD）可以用不同的方式进行衡量。衡量方式可分为发行人违约率（issuer default rate）和金额违约率（dollar default rate）。

发行人违约概率是指在给定日历年内某一个发行人发行的债券中，发生违约债券的支数除以该年内该发行人发行的所有债券的总支数。该比率用于衡量发行主体无法偿付的情况并可以反馈整体的经济水平。

金额违约率是指在给定日历年内，违约的所有债券的票面价值除以年内所有债券的面值总额。该数值用于衡量损失的货币值比例，即危害的严重程度。

（2）累积违约概率、无条件违约概率与条件违约概率

这三个概率通常针对某一具体债券或者具体发行人的违约情况。

累积违约概率（cumulative default probability）指的是某一发行人从一开始，在一段时间或者多段时间内的违约概率。与它相对的概念是累积存活率（cumulative survive rate），它们的关系可以表示为式（60.1）：

$$\text{累积违约概率} = 1 - \text{累积存活率} \tag{60.1}$$

无条件违约概率（unconditional default probability）指的是，在不设置任何前提条件下，某债券发行人在两个时点之间的违约概率。它和累积违约概率的关系可以表示为式（60.2）：

$$PD_k^{无条件} = PD_{t+k}^{累积} - PD_t^{累积} \qquad (60.2)$$

其中，k 为一段时间，t 为某个时点。

条件违约概率（conditional default probability）指的是，某发行人在前 t 时刻前确定没有违约的情况下，在接下来的 k 时期内的违约概率，它的计算方式为：

$$PD_{t:\ t+k}^{条件} = \frac{PD_{t+k}^{累积} - PD_t^{累积}}{累积存活率_t} \qquad (60.3)$$

例题 60.1

如某债券的累积违约概率如表 60.1 所示，请计算该债券在前 4 年内的累积存活率、在第 5 年内的无条件违约率，以及先前没有违约但在第 5 年违约的概率。

表 60.1　　　　　　　　　某债券的累积违约概率

年	1	2	3	4	5	6	7
累积违约概率	3.76%	8.56%	12.66%	15.87%	18.32%	20.32%	21.96%

名师解析

前 4 年内的累积存活率 = 100% - 15.87% = 84.13%

在第 5 年内的无条件违约率 = 18.32% - 15.87% = 2.45%

先前没有违约但在第 5 年违约的条件概率 = $\frac{2.45\%}{84.13\%}$ = 2.91%

2. 违约概率的估计

（1）违约强度模型

违约强度模型（default intensity model）源自泊松分布，回忆泊松变量的概率质量函数为：

$$f(x) = P(X = x) = \frac{(\lambda t)^x e^{-\lambda t}}{x!} \qquad (60.4)$$

那么，某债券在 t 年内的累积存活率为：

$$P(X=0) = \frac{(\lambda t)^0 e^{-\lambda t}}{0!} = e^{-\lambda t}$$

其中，参数 λ 在违约强度模型中被称为风险率（hazard rate）。

对该模型可以这样进行简单理解：债券在每个微小的时间内都在进行是否违约的"考验"，在一段时间内，如果每次都能通过"考验"，没有违约（泊松变量取0），所得的结果就是在一段时间内的累积存活率。

根据累积存活率与累积违约概率的关系有：

$$累积违约概率 = 1 - e^{-\lambda t} \tag{60.5}$$

从 t 时刻开始，向后 k 时期的无条件违约概率为：

$$PD_k^{无条件} = PD_{t+k}^{累积} - PD_t^{累积} = [1 - e^{-\lambda(t+k)}] - (1 - e^{-\lambda t}) \tag{60.6}$$

例题 60.2

假设某债券每年的风险率恒定且为 1%。请计算该债券在 3 年内发生违约的概率，以及在 3 年内没有违约，但在第 4 年违约的概率。

名师解析

在 3 年内发生违约的概率为：

$$1 - e^{-\lambda t} = 1 - e^{-1\% \times 3} = 2.9554\%$$

在 3 年内没有违约，但在第 4 年违约的概率为：

$$\frac{[1-e^{-\lambda(t+k)}] - (1-e^{-\lambda t})}{e^{-\lambda t}} = \frac{(1-e^{-1\% \times 4}) - (1-e^{-1\% \times 3})}{e^{-1\% \times 3}} = \frac{0.9656\%}{0.9704} = 0.9951\%$$

（2）KMV/Merton 模型

KMV/Merton 模型借助期权定价的思想确定违约概率。下面通过具体的例子说明。假设某公司的资产价值为 V，负债期限为 1 年，面值为 100（D）。1 年之后，假设存在四种情景，资产、负债和股权的价值如表 60.2 所示。

表 60.2　　　　　　　不同情景下的资产、负债和股权的价值

1 年之后	资产的价值（V）	负债的价值	股权的价值
情景 1	500 > D	100	400
情景 2	300 > D	100	200

(续表)

1年之后	资产的价值（V）	负债的价值	股权的价值
情景3	100 = D	100	0
情景4	70 < D	70	0

从表 60.2 我们可以看出，这家公司的股权价值等于一个看涨期权的价值，该期权的基础资产是公司资产的价值，执行价格是公司负债的面值。

根据 BSM 模型，一个看涨期权的价值为：

$$c_t = S_t N(d_1) - X e^{-rt} N(d_2) \tag{60.7}$$

类似地，我们可以把公司的股权价值表示为：

$$S_t = V_t N(d_1) - D e^{-rt} N(d_2) \tag{60.8}$$

其中，S_t 为股权的价值，V_t 为资产的价值，D 为负债的面值。

该模型总体考量了公司资本结构中负债的价值、股权的市场价格、公司权益的波动率等因素。而基于这个期权，基础资产价值小于执行价格（期权虚值）的概率，就是公司违约的概率。在前面 BSM 模型的学习中，$N(d_2)$ 表示行权概率，即公司资产价值大于公司负债的面值的概率。因此，$1-N(d_2)$ 表示该公司违约的概率，即公司资产价值小于公司负债的面值的概率。

二、风险敞口

风险敞口（exposure）指的是金融工具在存续期间当发生风险时的金额。债券的风险敞口被认为是几乎确定的（almost deterministic）。对于银行的贷款，敞口被认为等于名义本金且是固定不变的（fixed）。

三、损失率

债券的损失率（loss rate/loss given default），指在债券违约后的较短时间内，这支债券价值的损失与其面值的比值。与它相对的概念是回收率（recovery rate），指的是在债券违约后的较短时间内，能够收回的价值。它们之间的关系如式（60.9）所示：

$$损失率 = 1 - 回收率 \tag{60.9}$$

回收率和违约概率是负相关的。当经济处于衰退期,通常违约概率较高,而回收率较低;当经济较好时,通常违约概率较低,而回收率较高。

> **备考小贴士**
>
> 本节内容偏重定性与定量相结合的考查。许多违约概率模型原本是 FRM® 二级的内容,现在放到 FRM® 一级,具有一定难度,考生应着重掌握这些模型的核心思想。

第二节 预期损失与非预期损失

一、预期损失

> 定义(define)并计算(calculate)预期损失(★★★)

预期损失(expected loss)指的是,在一段时间内,银行能够预期到损失额,即银行的期望损失。货币值的预期损失,计算方法如式(60.10):

$$预期损失 = 风险敞口 \times 违约概率 \times 损失率 \tag{60.10}$$

如果是百分比的预期损失,计算方法如式(60.11):

$$预期损失(\%) = 违约概率 \times 损失率 \tag{60.11}$$

例如,如果某债券的回收率为40%,违约概率为1.78%,那么预期损失(%)为:1.78% × 60% = 1.07%。而如果债券的面值是200万美元,那么货币值的预期损失为:2 000 000 × 1.07% = 21 400(美元)。

银行计算预期损失后,在设置贷款利率时,便可以把它考虑在其中。例如,某贷款预期损失为1%,银行的资金成本为1.2%,成本以外的利差为2%,那么该笔贷款的利率便可设置为4.2%(1% + 1.2% + 2%)。

二、非预期损失

> 定义（define）并解释（explain）非预期损失（★★★）

1. 非预期损失的定义

非预期损失（unexpected loss）指的是，当信用事件发生时，银行不能预期的损失。更加具体地来说，非预期损失指的是损失分布中，高分位点的损失减去预期损失的部分，如图 60.1 所示。

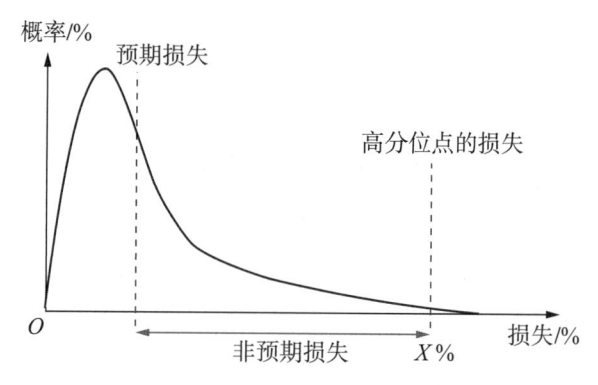

图 60.1 非预期损失示意图

对于预期损失，银行的处理办法可能是将其作为贷款利率的一部分。而对于非预期损失部分，银行需要准备资本（capital）来应对。

2. 信用损失的分布

计算非预期损失的关键是需要知道损失分布中的标准差是多少。单笔贷款的损失分布的期望为：

$$E(L_i) = PD_i \times EAD_i \times LGD_i \quad (60.12)$$

其中，L_i 指第 i 笔贷款的损失，EAD_i 指组合中第 i 笔贷款的金额，PD_i 指第 i 笔贷款的违约概率，LGD_i 指第 i 笔贷款的损失率。

而经过一定推导，可得出损失分布中的方差：

$$\sigma_i^2 = E(L_i^2) - [E(L_i)]^2 = (PD_i - PD_i^2)(LGD_i \times EAD_i)^2 \quad (60.13)$$

则损失分布的标准差为：

$$\sigma_i = \sqrt{PD_i - PD_i^2}(LGD_i \times EAD_i) \qquad (60.14)$$

如果是整个组合的损失，则损失的期望为：

$$E(L_p) = \sum_{i=1}^{n} E(L_i) = \sum_{i=1}^{n} PD_i \times EAD_i \times LGD_i \qquad (60.15)$$

组合损失的方差如式（60.16）：

$$\sigma_p^2 = \sum_i \sum_j \rho_{ij} \sigma_i \sigma_j \qquad (60.16)$$

其中，ρ_{ij} 为第 i 笔贷款和第 j 笔贷款的相关性，σ_i 为第 i 笔贷款的损失标准差。

特别地，如果各笔贷款的违约概率、敞口、损失率和相关系数相同且恒定，则组合损失的方差为：

$$\sigma_p^2 = n\sigma_i^2 + n(n-1)\rho\sigma_i^2 \qquad (60.17)$$

例题 60.3

假设某银行的组合中有 10 万笔贷款，每笔贷款金额为 USD 1 million，各笔贷款 1 年内的违约率均为 1%，回收率均为 40%，两两之间的相关系数均为 0.1。请问单个贷款损失的标准差是多少？组合损失的期望和标准差是多少？

名师解析

单个贷款的损失标准差为：

$$\sigma_i = \sqrt{1\% \times 99\%} \times (1 \text{ million} \times 60\%) = USD\ 0.0597 \text{ million}$$

组合损失的期望为：

$$E(L_p) = 1 \text{ million} \times 100\,000 \times 1\% \times 60\% = USD\ 600 \text{ million}$$

组合损失的标准差为：

$$\sigma_p^2 = 100\,000 \times 0.0597^2 + 100\,000 \times 99\,999 \times 0.1 \times 0.0597^2$$
$$= 3\,564\,411$$

$$\sigma_p = USD\ 1\,888 \text{ million}$$

备考小贴士

本节内容偏重定性与定量相结合的考查。考生应明确预期损失和非预期损失的概念，以及银行对这两种损失的管理方法。此外，考生需要掌握计算信用损失分布的标准差的方法。

第三节　银行的信用风险资本

一、资本

> 解释（explain）经济资本和监管资本之间的区别，描述（describe）经济资本是如何得到的（★★★）

1. 资本的定义

在风险管理的过程中，为应对损失，银行必须保持一定的资本（capital）水平。例如，某家银行拥有 500 万美元的股权资本，如果发生了 150 万美元亏损，这部分资本就可以冲抵损失，而这家银行的股权资本便减少为 350 万美元。

2. 巴塞尔委员会

巴塞尔位于莱茵河湾德法两国交界处，是仅次于苏黎世和日内瓦的瑞士第三大城市。过去，银行的运营缺乏全球的监管，由每个银行自己拟订为业务开展所保留的资本水平。1974 年，G10 国家的央行在巴塞尔成立了巴塞尔委员会。经过长时间的准备，1988 年，旨在统一全球银行监管标准的巴塞尔协议 I 诞生。而随着在实践过程中的不断更新完善，巴塞尔委员会又相继推出了巴塞尔协议 II、巴塞尔协议 2.5 以及巴塞尔协议 III。

3. 监管资本与经济资本

在银行的风险语境下，资本分为监管资本（regulatory capital）和经济资本（economical capital）。监管资本是银行的监管者要求的资本水平，在计算银行的总监管资本时，会采用分不同风险进行计算，比如计算市场风险监管资本、信用风险监管资本、操作风险监管资本等，随后通过直接加总得到总监管资本，在此过程中并没有考虑不同风险之间相关性带来的分散化的效果。经济资本是银行自身对资本需求的估计，而银行在计算总经济资本时，和监管资本类似，也分不同风险计算各风险经济资本，但是在计算总经济资本时会考虑风险之间的相关性。因此，一般而言，总监管资本会比总经济资本更大一些。

接下来，我们将对银行信用风险监管资本和经济资本进行探讨。先讨论信用风险监管资本，巴塞尔协议 II 要求计算银行信用风险监管资本采用内评法（internal ratings based，IRB），它的核心思想是，由巴塞尔委员会在 1 年内的信用损失分布中设置 99.9% 的分位点（意味着超过这个分位点的损失 1 000 年发生一次），信用风险监管资本则为这个分位点的损失与预期损失的差额，即非预期损失。再讨论信用风险经济资本，和信用风险监管资本计算方法类似，银行会设置一个损失分布的分位点，与预期损失的差额则是信用风险经济资本，只不过银行在设置分位点的时候，会参考自身的信用评级来设置，例如，如果某 AA 评级的银行对应的违约概率是 0.02%，那么该银行为了维持 AA 级，在设置信用风险经济资本分位点的时候会设置 99.98%，从而确保自身的违约概率是 0.02%。

例题 60.4

假如某银行被评为 AA 级，而 AA 级企业的违约概率通常为 0.02%。银行现有债务人的违约概率是 0.02%，预期违约概率为 1.305%，回收率为 25%。在信用损失的分布中，99.9% 的分位点对应的违约概率为 14.89%，99.98% 的分位点对应的违约概率为 22.31%。请分别计算该银行的信用风险监管资本和经济资本。

名师解析

银行的预期损失为：

$$EL = (1 - 25\%) \times 1.305\% = 0.98\%$$

监管资本为：

$$\text{Regulatory capital} = (1 - 25\%) \times 14.89\% - 0.98\% = 10.19\%$$

经济资本为：

$$\text{Economic capital} = (1 - 25\%) \times 22.31\% - 0.98\% = 15.75\%$$

二、信用风险资本的计算

描述（describe）高斯连接函数的模型和应用（★★）

描述（describe）和运用（apply）Vasicek 模型估计违约概率和银行的信用风险资本（★★）

1. 信用风险监管资本的计算——Vasicek 模型

根据前文的介绍，根据内评法，信用风险监管资本的计算方法为 99.9% 分位点的损失率减去预期损失率。具体计算时采用式（60.18）：

$$\text{Regulatory capital} = (\text{WCDR} - \text{PD}) \times \text{EAD} \times \text{LGD} \qquad (60.18)$$

其中，WCDR 为最差情形损失违约率（worst case default rate），它是 99.9% 分位点所对应的违约概率，即市场在千年一遇的最差情况下的违约概率。

在具体计算时，我们需要借助 Vasicek 模型。该模型使用了高斯连接函数（Gaussian copula model）定义违约间的相关性。

高斯连接函数方法先将影响变量通过分位点映射的方法转换为标准正态变量，再在这些标准正态变量的基础上构建联合分布。如图 60.2 所示，假设现有影响变量 V_1 和 V_2，由于其分布不规则，对我们的研究造成很大障碍。对此，我们可以通过分位点映射的方式将 V_1 和 V_2 转换为标准正态变量 U_1 和 U_2。

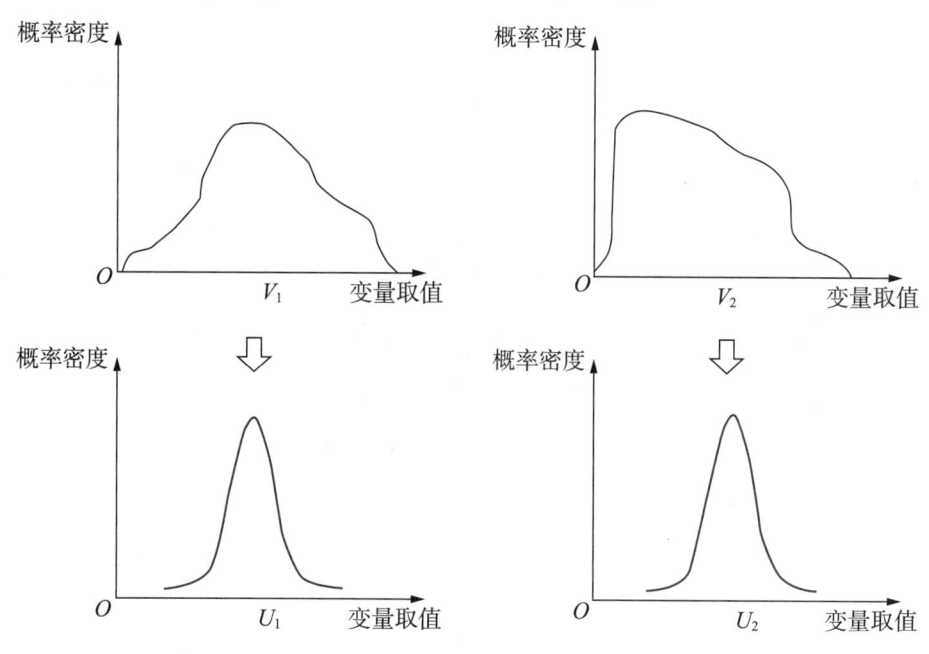

图 60.2　变量映射至标准正态分布示意图

分位点映射方法如下：如图 60.3 所示，假如变量 V_1 服从三角分布。5%分位点对应数值为 0.1，而 5%分位点在标准正态分布中对应数值为 -1.64，那么变量 V_1 的取值 0.1，对应标准正态变量 U_1 的取值便为 -1.64。其余分位点映射如表 60.3 所示。

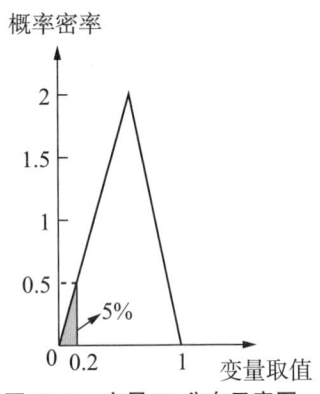

图 60.3 变量 V_1 分布示意图

表 60.3　　　　　　　变量 V_1 与变量 U_1 分位点映射示意

变量 V_1 取值	分布的分位点	对应变量 U_1 取值
0.1	5	-1.64
0.2	20	-0.84
0.3	38.75	-0.29
0.4	55	0.13
0.5	68.75	0.49
…	…	…
0.9	98.75	2.24

至此，假设我们已经得到了多个标准正态影响变量。接下来，我们需要找到这些变量的决定因子。这里会用到单因子相关性模型（one-factor correlation model）：

$$U_i = a_i F + \sqrt{1 - a_i^2}\, Z_i \qquad (60.19)$$

该模型包含如下特征。

（1）U_i 是第 i 个标准正态变量；F 为所有 U_i 的通用因子（它能对所有标准正态变量产生影响）；Z_i 是仅对第 i 个标准正态变量产生影响的特异因子（idiosyncratic），并且它与 F 互不相关。此外，不同的 Z_i 之间也是不相关的。

（2）F 和 Z_i 均服从标准正态分布，即 $F \sim N(0, 1)$，$Z_i \sim N(0, 1)$。

（3）a_i 的取值范围介于 -1 到 $+1$ 之间。

（4）当然，$U_i \sim N(0, 1)$。

（5）标准正态变量 U_i 和 U_j 的相关系数为 $\rho = \dfrac{E(U_i U_j) - E(U_i) E(U_j)}{SD(U_i) SD(U_j)} = a_i a_j$，

其中，SD 表示变量的标准差（standard deviation）。

接下来，我们需要构建条件违约分布（conditional default distribution）。它假设在一个大型组合中，所有公司的违约概率都是相同的，并且对于所有标准正态变量，a_i 均相等，数值为 a，即 $a_i = a$。那么标准正态变量便可写为式（60.20）：

$$U_i = aF + \sqrt{1-a^2}\, Z_i \tag{60.20}$$

定义 i 公司的违约影响变量为 U_i，那么 U_i 分布中的概率是二项的（binary probability），即违约或者不违约。如图 60.4 所示，当 U_i 的取值低于某一分界值时，公司发生违约；反之，则不发生违约。

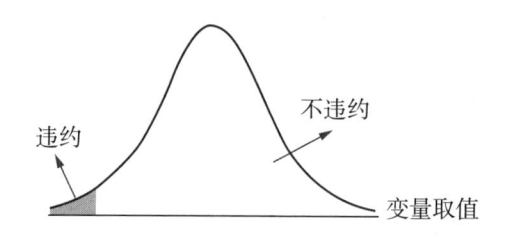

图 60.4　变量 U_i 取值与公司违约关系示意图

上述结果也可以用公式表达。当式（60.21）成立时，i 公司发生违约：

$$U_i \leq N^{-1}(\mathrm{PD}) \tag{60.21}$$

其中，PD 为违约概率，$N^{-1}(X)$ 为 U_i 分布的累积函数的反函数，而 $N^{-1}(\mathrm{PD})$ 为 U_i 分布中违约与不违约的分界值。

关于通用因子 F，我们可以认为它与当前经济状态有关：

当 F 较大时，经济状态良好，而 U_i 较大，公司 i 的违约概率较低；

当 F 较小时，经济状态差，而 U_i 较小，公司 i 的违约概率较高。

为了更接近当前的市场情况，我们可以在 F 给定的条件下，研究 U_i 的分布状况（条件违约分布因此得名）。在 F 给定（为常数的）的条件下，U_i 的均值为 aF，而方差为 $1-a^2$，记为：

$$U_i \sim (aF,\ 1-a^2) \tag{60.22}$$

在前面单因子相关性模型中，我们讨论了该模型的第五个特征是标准正态变量 U_i 和 U_j 的相关系数 $\rho = a_i a_j$，构建条件违约分布时假设 a_i 均相等，即 $a_i = a_j = a$，因此相关系数 $\rho = a^2$，则有：

$$U_i \sim (\sqrt{\rho}\, F,\ 1-\rho) \tag{60.23}$$

如图 60.5 所示，在 F 不给定的情况下，U_i 的分布为无条件分布；而当 F 给定时，U_i 的分布为条件分布，此时更符合当前的市场状况。

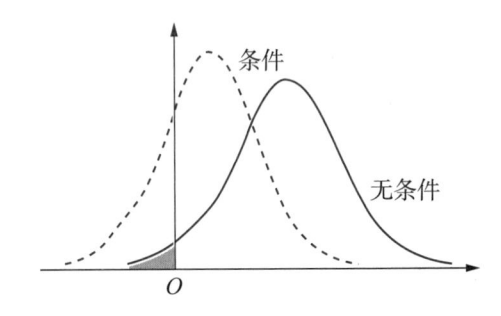

图 60.5　条件违约分布与无条件违约分布示意图

注意，无条件分布和条件分布中，U_i 的违约/不违约临界值不变。

在给定 F 的情况下，i 公司的违约概率为：

$$违约概率 = N\left[\frac{N^{-1}(\mathrm{PD}) - \sqrt{\rho}\, F}{\sqrt{1-\rho}}\right] \quad (60.24)$$

$N^{-1}(\mathrm{PD})$ 为 U_i 的条件分布中违约/不违约的分界值，$N\left[\dfrac{N^{-1}(\mathrm{PD}) - \sqrt{\rho}\, F}{\sqrt{1-\rho}}\right]$ 为标准化之后的累积概率。

在 99.9% 分位点的最差情况（worst case）下，由于 F 服从标准正态分布，此时 F 的取值为 $N^{-1}(0.1\%)$，因此 99.9% 分位点的最差情况违约概率（WCDR）为：

$$\mathrm{WCDR} = N\left[\frac{N^{-1}(\mathrm{PD}) - \sqrt{\rho}\, N^{-1}(0.001)}{\sqrt{1-\rho}}\right] \quad (60.25)$$

至此，在算出 WCDR 后，信用风险监管资本便可通过式（60.18）算出：

$$\text{Regulartory capital} = (\mathrm{WCDR} - \mathrm{PD}) \times \mathrm{EAD} \times \mathrm{LGD}$$

例题 60.5

某银行贷款组合价值 1 亿美元，违约概率 0.75%，假设相关系数参数为 0.2，回收率为 30%。请通过 Vasicek 模型，计算 99.9% 分位点下的货币值监管资本。$[N^{-1}(0.001) = -3.0902, N^{-1}(0.0075) = -2.4324]$

名师解析

先计算 99.9% 分位点的最差情况违约概率：

$$WCDR = N\left[\frac{N^{-1}(0.0075) - \sqrt{\rho}\, N^{-1}(0.001)}{\sqrt{1-\rho}}\right]$$

$$= N\left(\frac{-2.4324 + \sqrt{0.2} \times 3.0902}{\sqrt{1-0.2}}\right) = N(-1.17)$$

查询累计概率函数表可得 $N(-1.17) = 12.1\%$。

再计算监管资本：

$$\begin{aligned}\text{Regulartory capital} &= (WCDR - PD) \times EAD \times LGD \\ &= (12.1\% - 0.75\%) \times 100 \text{ million} \times 70\% \\ &= USD\ 7.9 \text{ million}\end{aligned}$$

2. 信用风险经济资本的计算——Credit Metrics 模型

> 描述（describe）Credit Metrics 模型，并解释（explain）在估计经济资本时如何应用（★★）

Credit Metrics 模型可用于计算信用风险经济资本，在此模型下，每一个借款者都会被给予一个外部或者内部评级。该模型通过以下步骤得出结果：

（1）在一年的期初，银行对组合中的贷款进行估值；
（2）使用蒙特卡洛模拟法对各贷款在一年内评级可能发生的变化进行建模；
（3）按模拟结构对贷款池重新估值（年末价值的估计值）；
（4）信用损失即为期初价值与年末价值的估计值的差额。

根据以上步骤我们不难看出，该方法不仅可以考虑实际违约，还可以考虑信用评级变化对组合价值的影响。

3. 风险的分配——欧拉定理

> 描述（describe）并运用（apply）欧拉定理来决定组合中的贷款对于整体组合风险的贡献度（★★）

欧拉定理（Euler's theorem）可用于将组合风险度量指标按组成部分进行拆解，或者计算组成部分对于组合风险值的贡献值。如果一个风险度量指标满足齐次性（homogeneity），则可将其进行拆解：

$$Q_i = \frac{\Delta F}{\frac{\Delta X_i}{X_i}} \tag{60.26}$$

其中，ΔX_i 是变量 i 的规模小幅变化，$\dfrac{\Delta X_i}{X_i}$ 是其规模百分比变化；ΔF 是对应风险度量指标的变化；Q_i 是风险度量指标的拆解值。

我们也可以将拆解部分进行组合：

$$F = \sum_{i=1}^{n} Q_i \tag{60.27}$$

其中，F 是度量指标的值。

例题 60.6

假设现有组合，包含贷款 A 和贷款 B。贷款 A 和贷款 B 损失的标准差分别为 2 美元和 6 美元。两个贷款的相关性为 0.5，组合的标准差为 7.2111。请分别计算贷款 A 和贷款 B 对于组合风险值的贡献。

名师解析

对于贷款 A：

如果贷款 A 规模上升 1%$\left(\dfrac{\Delta X_i}{X_i} = 1\%\right)$，其标准差为 $2 \times 1.01 = 2.02$。组合的标准差变化值为：

$$\Delta \sigma_p = \sqrt{2.02^2 + 6^2 + 2 \times 2.02 \times 6 \times 0.5} - 7.2111 = 0.01388$$

贷款 A 的贡献值 $= \dfrac{\Delta F}{\dfrac{\Delta X_i}{X_i}} = \dfrac{0.01388}{1\%} = 1.388$

对于贷款 B：

如果贷款 B 规模上升 1%$\left(\dfrac{\Delta X_i}{X_i} = 1\%\right)$，其标准差为 $6 \times 1.01 = 6.06$。组合的标准差变化值：

$$\Delta \sigma_p = \sqrt{2^2 + 6.06^2 + 2 \times 2 \times 6.06 \times 0.5} - 7.2111 = 0.05826$$

贷款 B 的贡献值 $= \dfrac{\Delta F}{\dfrac{\Delta X_i}{X_i}} = \dfrac{0.05826}{1\%} = 5.826$

4. 度量信用风险的挑战

解释（explain）衍生品的信用风险资本的计算难度大于贷款的原因（★）

描述（describe）定量计算信用风险的挑战（★）

（1）度量衍生品信用风险的挑战

衍生品交易过程中也涉及信用风险，衍生品交易的复杂性，导致在度量衍生品信用风险时会面临诸多挑战。

①衍生品未来的合约价值具有不确定性。衍生品合约价值随着标的资产变化而变化，衍生品的信用风险敞口也随之变化，并非像贷款或者债券那样不变。

②衍生品的交易对手方风险通常是双边的（bilateral）。对于衍生品合约的某一个交易对手方而言，衍生品合约的价值可能为正（盈利）也可能为负（亏损），而衍生品的交易对手方只有在盈利时才会面临信用风险，因此衍生品的任何一个交易对手都可能面临信用风险。

③衍生品交易的净额结算协议（netting agreement）的问题。如果衍生品合约的交易双方签有净额结算协议，当一方违约时，双方之间的众多衍生品合约可以被看作一个合约，则衍生品合约信用风险的度量更加复杂。

（2）量化银行信用风险的挑战

在实际量化银行信用风险时，由于每个核心参数的度量都存在问题，往往会存在许多困难，而信用风险只是银行面临的众多风险之一。

①违约概率的度量。银行在度量信用风险违约概率时，可能会面临选择跨周期评级法还是时点评级法。为了应对监管部门，银行可能会选择跨周期评级法，因为这个方法更稳定。为了应对审计，银行可能会选择时点评级法，因为这个方法更精确。

②损失率的度量。损失率并非一个一成不变的独立变量，损失率（回收率）和违约概率存在正（负）相关的关系。例如，在经济扩张时，企业经营良好，违约概率较低，即使企业违约，资产的变卖也可以有一个较好的价格，损失率也会较低（回收率较高）。

③信用风险敞口的度量。银行不仅仅有信用风险敞口比较稳定的贷款业务，同样也有衍生品业务，衍生品的敞口的计算过程非常复杂。

④违约相关性的度量。估计违约相关性是非常复杂的，不同的宏观经济环境下，违约相关性会发生变化。

备考小贴士

本节内容偏重定性与定量相结合的考查。该部分是 FRM®一级教材新增的内容。其中，Vasicek 模型较难，考生应着重掌握模型的核心思想。对于欧拉定理，应明确其用途。

第六十一章

国家风险

知识引导

由于日益增长的发展需求，全球许多企业在世界各地布局自己的业务或者进行金融投资。当发生跨国交易时，将产生国内商业环境中没有的额外风险，这种额外风险被称为国家风险。显然，有必要对国家风险进行识别和评估。本章将对国家风险展开讨论。

考点聚焦

关于本章的知识点，建议考生从定性理解的角度进行掌握。学完本章以后，考生需要了解影响国家风险的关键因素及其影响；比较本币主权债务违约和外币主权债务违约的差异和后果；了解对主权违约风险进行评估、度量的主要方法；说明使用信用评级和主权信用利差对主权风险进行评估时，这两种方法各自的优点和缺点。

本章框架图

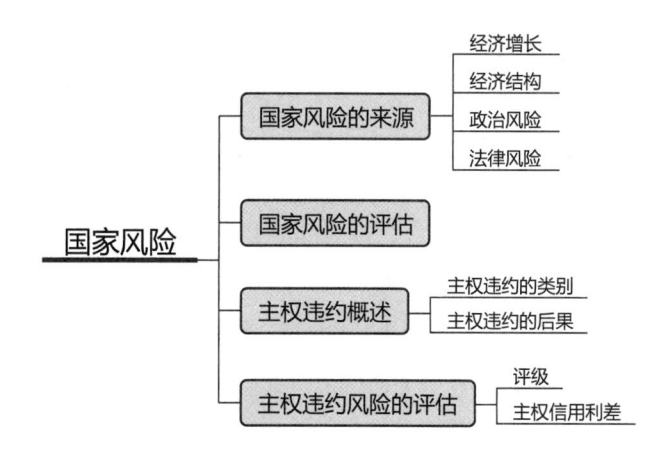

第一节　国家风险的来源

> 解释（explain）经济增长周期、经济结构、政治风险和法律风险对国家风险敞口的影响（★）

国家风险通常由某个特定国家在经济结构、政策、社会政治制度、地理方位和货币等领域的诸多差异引起，主要来源有经济增长、经济结构、政治风险、法律风险等方面。

一、经济增长

国内生产总值增速（GDP growth rates）是衡量经济增长的重要指标。在使用时，我们也常常使用剔除通胀影响后的实际增速（real growth rates）。

与发达市场相比，新兴市场由于处在经济增长周期的早期阶段，因此国家风险更大。在全球性经济衰退时期，新兴市场会遭受更大打击，波动性大。

二、经济结构

除了经济增长速率以外，对经济结构的分析也是非常重要的。经济结构的分析主要包括：一个国家的经济结构是否多样、竞争优势的大小、长期增长与短期增长的权衡选择等方面。

有些国家的经济结构过于单一，导致经济结构失衡，当其支柱产业受挫时，整体经济发展会立即受到影响，各个行业都会被波及，给投资者和企业带来额外的风险。

一个国家的竞争实力是重要的经济影响因素。迈克尔·波特（Michael E. Porter）教授提出，一个国家的竞争优势，有四个方面的决定因素。

（1）要素条件（factor conditions）：即一个国家的生产要素，包括土地、资本、基础设施等。

（2）需求条件（demand conditions）：即一个国家本国市场对于商品和服务的需求。

（3）相关及支撑产业（related and supporting industries）：是否处于国际竞争力的上游和其他相关支持产业的状况。

（4）公司的战略、结构和对抗表现（firm strategy, structure, and rivalry）：国内公司的管理与竞争环境，造就了其在国际市场上的竞争表现的差异。

此外，一个国家可能面临短期增长与长期发展的抉择。偏重短期增长的战略，可能使这个国家偏重开采和出口某一大宗商品（如原油），而如果重视长期可持续发展的话，该国家可能会更加愿意丰富产业类别，优化产业结构。沙特阿拉伯便是典型的例子，近年来，该国施行了一系列的举措，旨在促进以石油为核心的经济体系向多样化的经济体系转变。

三、政治风险

政治风险是指投资东道国的政治环境发生变化、政局不稳定、政策法规发生变化给投资者或企业带来经济损失的风险。

1. 政权的连续性（continuity）和非连续性（discontinuity）

虽然民主国家由于政府更迭容易导致相关政策的改变与废除，但这种风险相对而言较低且有一贯性和连续性。独裁政府国家由于政治强权和政治强人的存在，国家的政策看上去似乎容易保持稳定，有一定的持续性，但是一旦发生政权或领导人更迭，带来的冲击和改变可能更加无法预料和掌控。

2. 腐败

当一家企业在国外投资时，企业不可避免地要和当地政府打交道，要面对当地的官僚主义。在一些国家，不贿赂公职人员可能意味着难以开展业务。对于投资人而言，贿赂是一种隐性的税收，它降低了投资人在一个国家经营的企业（以及这些企业的投资者）的盈利能力和回报，同时，贿赂的金额通常是不确定的，因此增加了投资人的风险。国际上有一个通过调查在不同国家生活和工作的专家来编制腐败指数的组织——透明国际（Transparency International），该指数越低，这个国家就被认为越腐败。

3. 暴力冲突

如果一个国家因治安、社会动荡等原因产生了不稳定的局面，保险等必要成本的上升、员工工作环境恶化等因素将加剧恶化企业的营运环境，造成较大风险。国际上衡量国家暴力冲突的一个指数是全球和平指数（global peace index），该指数分数越低，说明该国的暴力冲突情况越少。

4. 国有化（nationalization）和强行征收（expropriation）

如果一个国家的企业和利润可能会被强行没收，或者企业可能会被迫国有化（低于公允价值），投资者/企业在这种国家和地区投资就要承受巨大损失。例如，一家公司拥有一座矿山或有权在一个国家开采石油。然而，如果该公司是盈利的，而东道国的经济不稳定，那么东道国政府可能会没收该外国公司的资产，而只支付很少的补偿。当然，这可能会影响未来对该国的投资，从而损害其经济的长期发展。

四、法律风险

投资者和企业是否受限制或受保护，与投资所在国法律的许多独特规定有关。这些规定涉及投资、劳工保护、环境保护、社会保障、涉外制度、对私有财产的保护和司法独立性等问题。其中，私有财产与契约精神的相关法律保障是重要的方面。如果一个国家的相关法律保障不够完善，将极大地打击外国投资者的投资热情。

> **备考小贴士**
>
> 本节内容偏重定性考查。考生需要了解国家风险的四大来源。

第二节　国家风险的评估

评估（evaluate）涵盖主要国家风险类别的综合风险评估指标（★）

上一节对国家风险的来源进行了拆解分析。但在实际操作过程中，我们可能更希望有一个综合的风险评估指标供我们参考。目前，评估国家风险的专业性机构主要如下。

1. **政治风险服务公司（Political Risk Service，PRS）**

PRS 为超过一百个国家提供衡量国家风险数值的商业服务，该机构是一家营利性组织，只对付费会员进行服务。PRS 从国家的政治、金融和经济风险 3 个维度，用 22 个变量来衡量风险，提供在每个维度下的风险评分及国家风险的综合评分。会员还可以自行增加或者减少变量，有偏重地、定制化地输出风险评分。

2. **《欧洲货币》杂志（Euromoney）**

《欧洲货币》杂志是世界著名的金融月刊，其提供的国家风险产品具有一定的权威性，也受许多投资者关注。《欧洲货币》杂志主要通过向 400 名经济学家发放问卷进行调查的方式，得出评分结果。

3. **《经济学人》杂志（The Economist）**

英国的《经济学人》杂志的国家风险服务覆盖世界多个国家，重点关注货币风险、主权债券风险和银行风险。

4. **世界银行（World Bank）**

世界银行国家风险的评估所考虑的主要因素包括政治因素和经济因素及金融形势，具体考量六个方面：腐败程度、政府效率、政策稳定与连贯性、法律规则、话语权和问责制、监管质量。

由于投资者和企业有自己特定的关注目标，评估需求也不一样，因此各家评估机构提供的评估服务从客户的角度来看仍然存在一定的局限性。

（1）各个评估机构没有统一的评估标准，如 PRS 和 Euromoney 的评分越高意味着风险越低，而 The Economist 的评分越低意味着风险越低。

（2）评估的方法是针对国家政策设计的，体现更多的是经济学家和政策制定者的兴趣点，却不一定符合投资者和企业的特定偏好。

（3）评估的分数只能用于定序比较，可以比较大小，但不能用于"乘除计算"。例如，The Economist 对甲乙两个国家的国家风险评估的分数分别为 70 分和 35 分，这只意味着甲的国家风险高于乙，但不能说甲的国家风险就是乙的国家风险的两倍。

因此，相较于分数，国家间的排序可能更重要一些。而如果更加综合地来看，我们甚至应当更关注这些机构在评估结果中提供的定性描述，而不是分数或者排序本身。

> **备考小贴士**
>
> 本节内容偏重定性考查。考生需要对各评估国家风险的方法有所了解。

第三节 主权违约概述

主权违约风险通常指一国政府或政府支持机构不能按照贷款合同条款规定的方式偿还本金和利息的风险。主权违约风险是与国家风险高度相关的一个概念。

历史上有名的主权违约主要有拉美主权危机（20世纪80年代）、墨西哥经济危机（1994年）、俄罗斯金融危机（1998年）、阿根廷债务重建（2002年）、欧元区债务主权危机（2010）等。据统计，自1800年以来违约7次以上的主权国家几乎全部位于拉丁美洲。厄瓜多尔和委内瑞拉违约次数更是高达10次。主权违约最多的10个国家里，有9个来自拉丁美洲。

一、主权违约的类别

比较（compare）外币债券主权违约与本币债券的主权违约（★★）
解释（explain）主权违约的原因（★）

主权违约风险包含外币债券主权违约和本币债券的主权违约。外币债券是指以外币表示的、构成债权债务关系的有价债券。由于相对于本币来说，国家更可能没有足够的外币来履约，所以外币债券也就比本币债券更容易发生违约。

自从1975年以来，有23个政府及政府支持机构出现了本币债券违约，包括阿根廷（2002年）、马达加斯加（2002年）、多米尼加（2003年）、蒙古国（1997年）、乌克兰（1998年）和俄罗斯（1998年）等。

从直觉上来看，政府发行以本币计价的债券，在万不得已的时候还可以开动印钞机，通过印钞票（money-printing）来还钱。但尽管如此，为什么历史上还是发生了若干次本币债券违约呢？主要原因如下。

（1）金本位（the gold standard）：1971年以前，金本位制度要求国家发行纸币必须以一定的黄金储备作为准备金，这就限制了国家自由发行货币进行偿债的可能。

（2）共享货币（shared currency）：欧元就是典型的共享货币，而印发欧元是欧洲央行的职责。因此，在希腊债务危机中的希腊政府就不能依靠印钞票还债。

（3）货币贬值（currency debasement）：国家靠发行钞票来还债，会导致货币剧烈贬值并引发恶性通胀，带来的负面后果可能远大于主权债务违约的成本。

二、主权违约的后果

描述（describe）主权违约带来的后果（★★）

在商业环境中，如果一个企业不能履行自己的债务责任，债权人可以向法院申请对其进行破产清算。国家发生债务违约的时候，又该怎么办呢？在古代，有可能会通过战争的方式来解决。而在现代，主权债务违约更有可能是通过借新债还旧债或债务重组的方式解决（债务方和债权方进行谈判，以获得债务展期、本金或利息打折等宽限）。

主权违约的后果与代价主要如下。

（1）国内经济增速下降。

（2）主权评级下降，融资的成本大幅提高；主权违约的发生与债务评级的下降将给予潜在投资者消极的信号，从而使潜在投资者拒绝购买该国新的主权债券，使违约国更加难以从市场上融资。

（3）违约可能导致双边及多边贸易的报复（retaliation）与制裁；极端的制裁还包括对违约国进行贸易中断，甚至冻结或没收违约国的国外财产。

（4）违约国有更大的概率出现银行业危机（bank crisis），主权违约除了会对社会整体信用体系造成巨大的冲击外，也会引起银行体系和金融部门的混乱，引发系统性风险。

（5）政局动荡乃至政权更迭。

> **备考小贴士**
>
> 本节内容偏重定性考查。考生需要了解什么是主权违约，造成主权违约的风险。

第四节 主权违约风险的评估

一、评级

> 描述（describe）影响主权违约风险的关键因素（★★）
> 解释（explain）和评估（evaluate）评级机构对主权违约风险的评估方法（★★）

国家主权信用评级（sovereign rating），是指评级机构依照一定的程序和方法对主权国家的政治、经济和信用等级进行评定，并用一定的符号来表示评级结果。评级的结果代表评级机构对于该国家债务违约可能性的看法。评级越高，代表评级机构认为该国债务违约可能性越低。在全球金融市场上，主权评级行业主要被三大机构主导：标准普尔（S&P）、穆迪（Moody's）和惠誉（Fitch）。

通常来说，评级机构在评估一个国家的主权违约风险时，主要考虑如下因素。

（1）债务水平：较高的债务负担，尤其是外币债务对应较高的违约风险。其中，政府债务占 GDP 的比例（debt-to-GDP ratio）是一个常用指标。

（2）退休金和社保负担：较高的退休金和健康医疗负担对应较高的违约风险。比如，一个国家老龄化越严重，其违约风险就越高。

（3）税收收入（tax base）的稳定：税收是国家的主要财源，税收收入越稳定、来源渠道越丰富的国家，其主权违约的概率就越低。

（4）政治风险：独裁政府（autocracies）比民主政府违约的可能性更高。因为主权违约有可能会导致政府下台，但这种压力对独裁政府来说相对较小。鉴于违约的替代方案是印钞票，该国央行独立于政府的程度对央行的决策影响很大，因此央行的独立程度是有必要了解的。

（5）是否获得其他国家和机构的支持：当西班牙、葡萄牙和希腊加入欧盟后，这些国家的主权违约风险都被认为降低了，原因是欧盟中有德国等更强的经济体，人们主观地认为希腊等国家将获得欧盟中经济强国的支持与资助，但欧盟成员国只是承诺将在危机出现时提供自愿性救助，并不是法律保证，因此这只能算作一种隐性支持。

在完成关键因素分析之后，评级机构往往会对一个国家的本币债务和外币债务分别给予评级。一般来说，同一个国家的本币债务评级会略高于外币债务一至两个子级。

二、主权信用利差

> 描述（describe）主权信用利差和主权信用违约互换的特点

在评估主权债务的违约概率时，除了可以参考主权信用评级，还可以参考主权信用利差（sovereign credit spread）。一个主权债务的信用利差，可以通过该债务的收益率减去标价货币的无风险收益率得到。例如，A国家发行了一个以美元计价的收益率为5%的主权债务，如果我们认为美国主权债是无风险债券，若此时美国主权债务收益率为3%，那么A国家的美元信用利差便为2%（5%-3%）。信用利差的产生，主要是因为投资者承担额外的主权违约风险，对应要求额外的风险溢价。因此，信用利差也可以像信用评级一样，描述一个国家的主权债务违约可能性。

除了主权债务市场中的信用利差数据以外，主权信用违约互换市场也是数据来源之一。主权信用违约互换（sovereign credit default swap，简称主权CDS），是针对中央政府债券违约风险而设计的。主权CDS本质上是一种保险，保险的购买方按照信用互换利差（CDS spread）定期地支付"保费"，以至在标的债券违约时获得对手方的赔偿。主权CDS利差与主权违约可能性直接相关，我们也可以通过一定方法，从主权CDS利差中计算隐含的信用违约利差。当然，从实务的角度来看，作为信用利差的数据来源，主权债券市场比信用违约互换市场要更好一些。主要原因是信用互换市场易受到投机风险、交易流动性不足等多种不稳定因素的影响，隐含的信用违约利差可能难以精确计算。

信用利差和信用评级的结果高度相关，但也存在差异。使用主权信用利差具有如下优势。

（1）基于市场的信用利差比评级更具动态性，能够根据市场信息进行快速调整，实时发生变化。

（2）基于市场的信用利差提供的信息比评级结果更具颗粒度（granularity）。在这里，颗粒度可理解为信息更具体化。例如，同样被穆迪评级为 Baa2 的巴西国债和秘鲁国债，主权信用利差分别为 2.03% 和 1.46%，在评级相同时，巴西的违约概率相对更大。

使用主权信用利差具有如下劣势：

主权信用利差根据市场交易信息进行计算，因此受到市场的影响更大，其结果会更具波动性（more volatile）；而评级更关注长期趋势，结果相对稳定。

> **备考小贴士**
>
> 考生需要从定性角度掌握信用利差和信用评级在评估国家风险时的优劣。

第六十二章

操作风险

知识引导

"风险管理基础"中讲到了不少风险管理案例，涉事企业之所以产生巨大损失，主要原因是未能重视潜在的风险。继之前的市场风险和信用风险后，本章正式引入操作风险。随着经济的全球化发展、金融技术的不断创新、银行业内外环境的变化，如今各大金融机构极度重视操作风险，监管者应该给操作风险管理分配更多的资源。学习风险的三部曲：识别、计量和管理。我们将按这个顺序，在本章就操作风险展开讨论。

考点聚焦

操作风险的特点是涉及大量定性内容，因此建议考生以理解为主。考生需要描述操作风险的类别；比较三种传统计量方法：基本指标法、标准法和高级计量法；描述标准计量法；解释损失分布法及其数据来源；描述不同操作风险的管理方法以及管理过程中遇到的一系列风险。

本章框架图

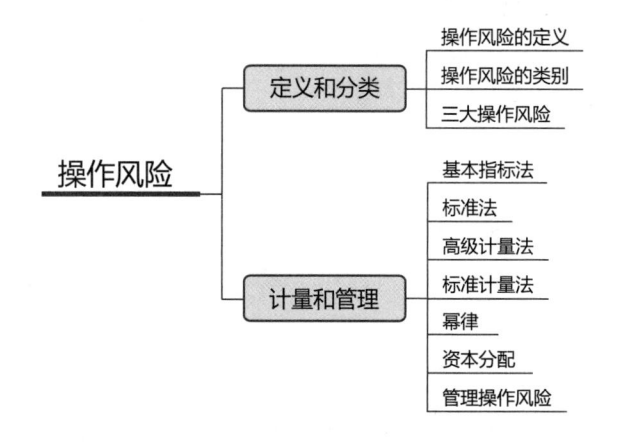

```
                        ┌── 操作风险的定义
              ┌─定义和分类─┼── 操作风险的类别
              │          └── 三大操作风险
              │
              │          ┌── 基本指标法
操作风险 ──────┤          ├── 标准法
              │          ├── 高级计量法
              └─计量和管理─┼── 标准计量法
                         ├── 幂律
                         ├── 资本分配
                         └── 管理操作风险
```

第一节 定义和分类

一、操作风险的定义

根据巴塞尔协议，操作风险的定义为：由内部流程、人员、系统或外部事件引起的风险，包括电脑黑客、魔鬼交易员、恐怖主义、系统故障等所导致的风险。操作风险包括法律风险，但不包括策略风险和声誉风险。

在第一部分"风险管理基础"中，涉及了很多风险案例，其中，巴林银行就是一个典型的主要由操作风险引发的事件，1995年，Nick Leeson 的未授权交易导致了巴林银行的灭顶之灾。后来，在全球范围内又有一系列由操作风险引发的危机事件发生，操作风险也越来越受到监管机构和风险经理的重视，操作风险管理的重要性也日益凸显。

二、操作风险的类别

描述（describe）操作风险的类别（★）
解释（explain）每类风险的起因（★）

巴塞尔委员会划分了几种操作风险事件，具体分类如下。

（1）内部欺诈（internal fraud）：至少涉及一个公司内部人员的欺诈、挪用财产或规避法律、法规或公司政策的行为，如故意谎报头寸、员工盗窃和利用员工自己的账户进行内幕交易等。

（2）外部欺诈（external fraud）：由公司外部第三方实施的旨在欺诈、盗用财产或规避法律的行为，如抢劫、伪造、支票造假和电脑黑客造成的破坏等。

（3）就业政策及工作场所安全（employment practices and workplace safety）：不符合就业法规和工作场所安全法律的行为，或导致支付人身伤害索赔或与多样性或歧视问题有关的索赔的行为，如工人薪酬索赔、违反雇员安全规则、歧视索赔和一般责任（例如，客户在分公司滑倒）。

（4）实物资产的损坏（damage to physical assets）：自然灾害或其他外部事件造成的实物资产的损坏，如恐怖主义、破坏公物、地震、火灾和洪水等。

（5）客户、产品和商业行为（clients, products, and business practices）：未能履行对客户的义务造成的损失事件，如违背客户的受托关系、错误使用客户的机密信息、洗钱活动、卖掉未授权的产品等。

（6）业务中断和系统故障（business disruption and system failures）：由计算机系统和设备造成的损失，如硬软件故障，电子通信问题等。

（7）执行、交割和流程管理（execution, delivery, and process management）：失败的交易流程管理和各方分歧造成的损失事件，如数据输入错误、合约管理失败、不完整的法律文件、未经批准访问客户账户、对手方不当行为、供应商纠纷等。

三、三大操作风险

金融机构所面临的三类操作风险极为受人关注。

1. 网络风险

网络风险（cyber risk）是金融机构面临的最大风险之一。网络风险可能以个人、黑客、国家、犯罪组织，甚至以业内人士的形式出现。黑客会以网络钓鱼等多种方式攻击金融机构。一旦入侵成功，黑客可以盗取客户资料、删除记录、执行交易、挪用资金等，如2013年雅虎遭遇网络攻击导致数据泄漏，因此金融机构应时时防范此类网络风险以避免巨大损失。

2. 合规风险

当银行参与不符合法律法规的行为后，如洗钱、恐怖主义融资、协助客户逃税等，将遭受严重的惩罚，由此带来的风险被称为合规风险（compliance risk）。2012年，汇丰银行墨西哥支行因未实施反洗钱法，结果墨西哥毒贩将大量非法现金存入银行，致使汇丰银行被罚19亿美元，因此金融机构应实施必要的管理来避免合规风险。

3. 魔鬼交易员风险

魔鬼交易员风险（rogue trader risk）是指由非授权交易引发的重大损失。巴林银行的尼克·李森、法国兴业银行的热罗姆、爱尔兰联合银行的鲁斯纳克等，堪称魔鬼交易员。他们进行未授权的高风险交易，并利用各种内部流程的纰漏来隐藏交易信息，因此金融机构应该隔离前台和后台部门，以预防魔鬼交易员的不轨行为。一个更困难的问题是，未经授权的交易被发现后，该如何处理。如果一个交易者进行未经授权的交易并使企业蒙受损失，那么这个交易者很可能会遭遇不良后果；但如果该交易者使企业获利，人们却很容易忽视其违规行为。然而这样的处理方式会导致一种不重视风险的文化，不利于企业的长期发展。

> **备考小贴士**
>
> 本节内容偏重定性考查。考生需要了解什么是操作风险和操作风险的七大分类。

第二节 计算和管理

比较（compare）基本指标法、标准法和高级计量法（★★）

操作风险的重要性，相较于市场风险或信用风险有过之而无不及，银行应该给予操作风险足够的重视并分配更多的资源应对操作风险。然而在实际操作过程中，操作风险却很难进行量化。为此，巴塞尔协议Ⅱ提供三种计量操作风险资本的方法：基本指标法（basic indicator approach，BIA）、标准法（standardized approach，SA）和高级计量法（advanced measurement approach，AMA）。在先前经验的基础上，巴塞尔委员会在巴塞尔协议Ⅲ中提出了标准计量法（standardized measurement approach，SMA）。

一、基本指标法

在基本指标法下，操作风险资本等于过去3年总收入平均值的15%：

$$K_{BIA} = \left(\frac{GI_1 + GI_2 + GI_3}{3} \right) \times \alpha \qquad (62.1)$$

其中，K_{BIA} 为基本指标法计算的操作风险资本；$\alpha = 15\%$；GI 为每年的总收入。

如果某一年的总收入是 0 或负数，那么分子和分母都需要调整，分子中这一年的收入用 0 替代，分母调整为 2。

例题 62.1

某商业银行最近 3 年的总收入如表 62.1 所示，用基本指标法求该银行的操作风险资本。

表 62.1　　　　　　　　　某银行近 3 年的总收入

年份	2020	2019	2018
总收入/万元	600	1 600	-200

名师解析

2018 年的总收入为负数，因此分子用 0 替代，将分母年数调整为 2，操作风险资本 = (600 + 1 600)/2 × 15% = 165(万元)。

二、标准法

相比基本指标法，标准法更加细化。巴塞尔委员会将银行业务分成八大条线，每条业务线被分配一个系数 β_i，作为各业务线差异的资本系数，各业务线及其 β 系数见表 62.2。

表 62.2　　　　　　标准法中各业务条线的 Beta 乘数值

业务条线	Beta 乘数值
公司金融（corporate finance）	18%
支付结算（payment and settlement）	18%
交易销售（trading and sales）	18%
代理服务（agency services）	15%
商业银行（commercial banking）	15%
零售银行（retail banking）	12%
零售经纪（retail brokerage）	12%
资产管理（asset management）	12%

在标准法下，如式（62.2），每年对各业务线总收入与相应的系数 β_i，作加权加总，就得到当年总操作风险资本，连续 3 年的平均值为操作风险资本：

$$K_{SA} = \frac{\sum_{year1 \sim 3} \max\left[\sum_{i=1}^{8}(GI_i \times \beta_i), 0\right]}{3} \quad (62.2)$$

与基本指标法不同，如果某一年的总收入是 0 或者负数，则这一年的收入用 0 替代，但是标准法的分母为 3。

例题 62.2

表 62.3 为某银行两条业务线在过去 3 年内的总收入，用标准法求该银行的操作风险资本。

表 62.3　　　某银行两条业务线在过去 3 年内的总收入

业务线	β	第一年/万元	第二年/万元	第三年/万元
公司金融	18%	20	15	15
零售银行	12%	20	−30	12

名师解析

第一年总收入：20×18%+20×12% = 6（万元）

第二年总收入：15×18%+（−30）×12% = −0.9（万元）

第三年总收入：15×18%+12×12% = 4.14（万元）

操作风险资本 =（6+0+4.14）/3 = 3.38（万元）

三、高级计量法

相比基本指标法和标准法，高级计量法更为复杂，允许银行使用自己的内部模型决定操作风险资本，需要大量数学运算和操作风险损失数据，但是更为精确，能真实反映银行操作风险的实际情况。

高级计量法中，银行基于内部损失数据、外部损失数据、情景分析数据、内控环境数据等，将这些数据进行分类。巴塞尔委员会，将操作风险损失事件分为七大类，同时又将银行业务条线分为八大类。这样，各种损失数据将被划分到矩阵式的

56个单元内，该方法下，会对每个单元内损失数据进行建模，构建单元损失分布，最后将56个分布进行加总，得到整个银行的损失概率分布，求取操作风险资本，如图62.1所示，表达式如下：

$$\text{操作风险资本} = \text{非预期损失} = \text{VaR}(99.9\%) - \text{预期损失} \qquad (62.3)$$

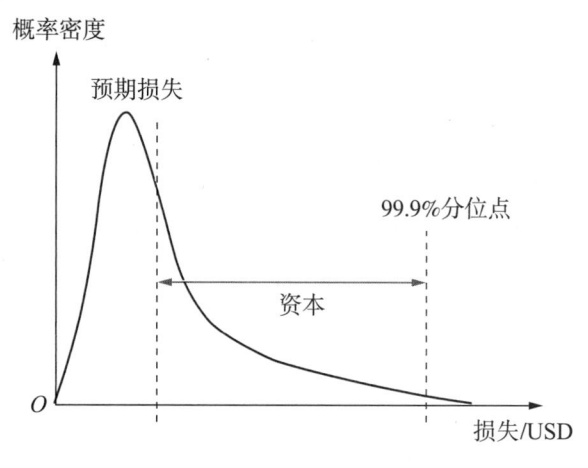

图 62.1 损失分布示意图

1. 损失的分布

解释（explain）如何通过蒙特卡洛模拟将损失频率分布和损失程度分布得到损失分布（★★★）

高级计量法计算资本的核心是构建操作风险损失的分布，然后通过大分位点所对应的损失减去预期损失得到资本的金额。总体来说，构建损失的分布时会采用"分步走"的思想，即先分别构建损失频率的分布和损失严重程度的分布，再将两个分布合成操作风险损失的分布。

损失频率（loss frequency），即发生操作风险的次数，如柜员数错钱的次数，对其建模时一般采用泊松分布。

损失程度（loss severity），即发生操作风险时的损失，如柜员数错钱造成的金额损失，对其建模时一般采用对数正态分布。

当然，具体构建损失分布时还需要更多复杂的流程。

（1）收集损失数据：内部损失数据、外部损失数据、情景分析数据、内控环境数据。

（2）将所有损失数据划分到七大事件、八大业务线的56个单元格内。

(3) 对每个单元格内的数据构建损失频率分布和损失程度分布。

(4) 用蒙特卡洛模拟法合并两个分布，得到单元损失分布。

(5) 将56个单元损失分布合并成整个银行的损失分布，如图62.2所示。

(6) 得到操作风险资本，即99.9%置信水平下的非期望损失。

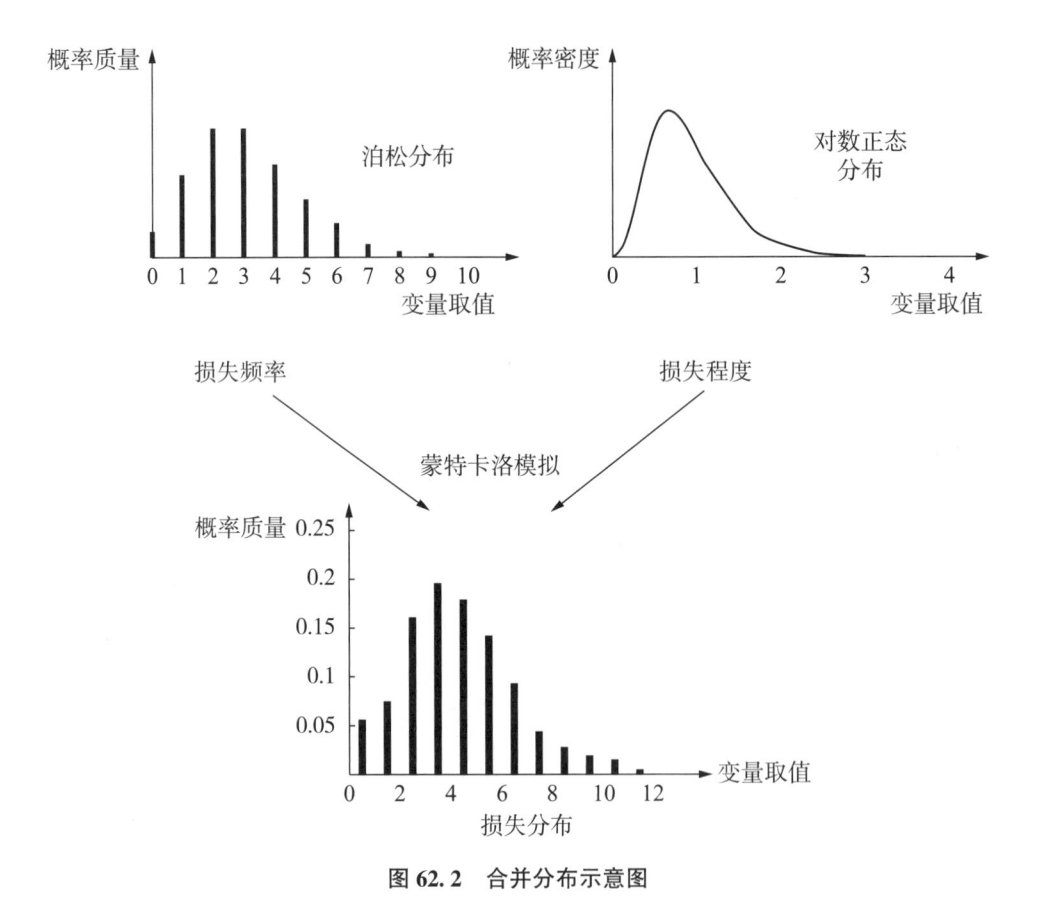

图 62.2 合并分布示意图

用蒙特卡洛模拟合并损失频率分布和损失程度分布，整个过程叫卷积（convolution）。具体步骤为：

(1) 从损失频率分布中抽取一个损失次数的随机数 n；

(2) 从损失程度分布中随机抽取出 n 个数据，以确定每项损失事件的损失程度；

(3) 将 n 个损失求和得到整体损失；

(4) 将上述过程重复足够大的次数（如 1 000 000 次以上），将计算得到的损失连接成一条能够较好地描述潜在的损失事件的曲线，从而得到损失类型的整体损失分布函数。

2. 损失的数据

> 描述（describe）常见的数据问题（★★）

从以上高级计量法的操作过程可知，构建损失的分布时，是需要大量数据作为支持的。高级计量法中损失数据来源主要有：内部损失数据、外部损失数据、情景分析数据等。

（1）内部损失数据

内部损失数据指的是银行内部在历史上所发生的操作风险损失数据。操作风险损失可以归为两类：高频低损（HFLS），如柜员数错钱造成的损失；低频高损（LFHS），如魔鬼交易员造成的损失。银行关注的重点是低频高损，这些损失构成了损失分布的尾部。

然而，构建损失分布光靠内部数据是远远不够的，尤其是对于低频高损的事件类型，因此需要外部数据和情景分析数据作为补充。

（2）外部损失数据

外部损失数据是一系列其他机构的损失数据。外部损失数据的来源有两个：一是数据共享，可以通过共享协议来使用其他银行的数据和公共数据作为外部数据；二是数据供应商，如英国银行家协会所管理的操作风险损失行业数据库（the global operational loss database）等。

直接用外部损失数据来估计本银行的操作风险时，会产生偏误，原因有二：一是只有大损失才会公布，会导致估计偏大；二是银行之间规模不同，需要对数据作相应调整。

例题 62.3

B银行的收入是20亿美元，操作风险损失是350万美元，A银行的收入是10亿美元，那么其操作风险的损失估计是多少？

名师解析

公司规模和风险损失不是简简单单的线性关系，需要进行规模调整：

$$A\text{ 银行的损失估计} = B\text{ 银行的观察损失} \times \left(\frac{A\text{ 银行收入}}{B\text{ 银行收入}}\right)^{\beta}$$

其中，$\beta = 0.23$。

$$A\text{ 银行的损失估计} = 350 \times \left(\frac{10}{20}\right)^{0.23} = 298.42(\text{万美元})$$

(3) 情景分析数据

> 描述（describe）当数据缺失的时候如何使用情景分析（★）

对于低频高损事件，仅仅依靠内部损失数据和外部损失数据是不够的，往往需要用到情景分析数据。一般由风险专家提出假设情景，会考虑到一些金融机构从未发生但未来可能发生的损失，尤其针对低频高损事件。例如，若发生地震，银行破产的概率有多大及损失有多严重？

操作风险专家需要对每一种情景估计损失频率和损失程度。对于损失频率的估计，通常将损失频率分成几类，每种类别有对应的损失，如表 62.4 所示。对于损失程度的估计，通常构建对数正态分布，需要估计 1% 分位点到 99% 分位点的损失范围，而不是简单估计均值和标准差。

表 62.4　　　　　　　　　损失频率分类

情景频率	泊松分布 λ
每 1 000 年发生一次	0.001
每 100 年发生一次	0.01
每 50 年发生一次	0.02
每 10 年发生一次	0.1
每 5 年发生一次	0.2

四、标准计量法

> 描述（describe）标准计量法，并解释（explain）巴塞尔委员会引入标准计量法的原因（★）

操作风险高级计量法在促使金融机构更多地考虑他们所面临的操作风险方面功不可没。高级计量法可以由银行内部决定计量模型，然而银行监管机构发现，不同银行之间计算的差异很大，即根据高级计量法，两家提供相同数据的银行很可能提出两种截然不同的资本金要求。

2016年3月，巴塞尔委员会在巴塞尔协议III中提出了标准计量法，取代之前所有的操作风险的计量方法。标准计量法在很大程度上简化了计算的难度和复杂程度，有利于监管机构进行监督。

标准计量法涉及的相关计算将在 FRM 的 Part II 的操作风险这门课中进行介绍。

五、幂律

解释（explain）如何使用幂律计算操作风险（★）

无论是对市场风险、信用风险，还是对操作风险资本的计量，通常用到高置信水平的 VaR 都需要对分布的右尾进行研究。在研究分布的右尾时，可以采用幂律。幂律的表达式如式（62.4）所示：

$$Prob(v > x) \approx K x^{-\alpha} \tag{62.4}$$

其中，v 代表随机变量；x 代表 v 取值范围里面的较大值；K 代表规模参数；α 代表尾部参数，反映分布右尾的肥瘦情况，且随着 α 变小，右尾形态变肥。

幂律只描述分布的右尾，而不是整个分布。幂律来源于波兰数学家 D. V. Gnedenko 的研究。其研究表明，大多数分布的尾部具有幂律公式表现的性质。在实践中，通常假设 x 的值在分布的前 5% 是正确的。幂律也可以用于操作风险损失的计算。

例题 62.4

假设某操作风险损失分布的右尾满足幂律，且该幂律的参数 K 和 α 分别估计为 20 000 和 4，请用幂律来估计该操作风险损失的 99.9% 分位数大约是多少？

名师解析

$$1 - 99.9\% \approx 20\,000\, x^{-4}$$

求解可得，$x = 66.87$。

六、资本分配

> 描述（describe）操作风险资本在业务部门的分配（★）

操作风险资本分配类似于信用风险，部门经理需要充分重视对操作风险的管理，若更有效地降低操作风险，会相应减少被分配的资本，从而提高资本回报率，经理自身的收益也随之提高。

由于某些操作风险不可避免，一味降低操作风险并不是明智之举，任何通过增加运营成本以降低操作风险的决策都需要经过成本收益分析。

七、管理操作风险

除了操作风险的计量，操作风险的后续管理也是部门经理的重中之重，如何降低损失频率和损失程度是一个值得深思的话题。同样，由于损失数据有限，金融机构之间应当互相学习，互相借鉴，所谓"前事不忘，后事之师"。

1. 因果分析

> 描述（describe）如何识别因果关系（★）

操作风险的发生并不是偶然的，我们需要找到引发操作风险的相关因素，所谓有因才有果，必须追根溯源。例如，过时的电脑系统可能引发操作风险，交易员的未授权交易暗示了潜在的操作风险。通过教育和培训员工可以降低操作风险发生的可能性。

如前文所述，管理操作风险并不是一味地降低风险，需要通过成本收益分析后进行决策。

2. 风险控制与自我评估

> 描述（describe）如何使用风险控制与自我评估来管理操作风险（★）

风险控制与自我评估对于管理操作风险有极其重要的作用，每年的定期评估，会提升员工对操作风险的理解和认知，并有效降低损失频率和损失程度。业务经理和职员需要对风险做出识别，不仅是对过去的损失，也要对未来的损失进行评估。具体的评估方法包括：要求业务经理完成风险调查问卷，审查来自审计师、监管者等第三方的报告，实施对风险事件的在职揭发，等等。

3. 关键风险指标

> 描述（describe）如何使用关键风险指标来管理操作风险（★）

关键风险指标包括员工流动率、交易失败率、临时职位率、空缺职位率等，这些指标暗示了操作风险发生的可能性，当然，关注某一时点的指标是不够的，需要关注指标的动态变化，才能发现一些不寻常的行为。例如，在法国兴业银行亏损案中，交易员虚构的交易是靠强制休假制度发现的，因此像休假制度这样的指标也能暗示某些不正当行为。

4. 教育

> 描述（describe）如何使用教育来管理操作风险（★）

操作风险往往由人引发，因此教育员工必不可缺，仅告知员工一些不合规的商业行为是不够的，关键是形成企业的风险文化，形成公司整体都认可的一种风险管理文化氛围。

当然商战中法律纠纷不可避免，因此公司的合规部门也需要教育员工注意邮件所写和电话所说的内容，并思考内容是否合适，一旦公司被起诉，就需要提供所有相关交流信息。

5. 保险

> 解释（explain）保险中的道德风险和逆向选择（★）

操作风险往往通过保险来对冲，尤其对于低频高损事件，保险不仅能降低损失频率，而且能降低损失程度，但是部门经理也需要考虑保险的成本，进行成本收益分析后再做出决策。下面介绍投保中的两类主要风险：道德风险和逆向选择。

（1）道德风险

道德风险是指保险合约的存在使投保公司更有可能发生损失。常见的例子为车保，车主购买了车险后，如果发生磕磕碰碰，会找保险公司索赔；再如，我们一直提及的魔鬼交易员，银行购买了保险后，魔鬼交易员肆意交易而没有后顾之忧，因为保险公司能偿付损失。

道德风险，可以理解为银行将自己的操作风险转移给保险公司，导致保险公司面临损失，因此保险公司会采用多种办法进行管理，例如：

①保险合约需要双方协商，制定交易限额并排查每一笔损失；

②制定免赔额，免赔额以内的损失需要投保公司自行负责；

③保险公司只赔付部分损失，不付全额；

④发生损失后，保费会进一步增加。

（2）逆向选择

逆向选择源于信息的不对称，保险公司基于自己所掌握的信息，并不能准确判断银行现在的风险状况，简而言之，来购买保险的人往往都是容易出险的人。例如，若保费一致，购买更多保险的银行往往内控很差，购买较少保险的银行往往内控很好。

保险公司通过深入调查客户管理逆向选择。比如车险，在确定保费前，保险公司会调查车主的过往事故或者超速罚款等，再做出决策。

备考小贴士

本节内容偏重定性考查。考生需要了解计算操作风险监管资本的不同方法；明确 AMA 方法里的数据问题和数据来源。

第六十三章

压力测试

知识引导

在 2007—2009 年次贷危机后,压力测试变得越发重要并受到了更多重视。有些压力测试是机构出于内部风险管理需求执行的,还有一些是监管当局要求的。压力测试考虑了 VaR 未覆盖的压力情景,可以作为 VaR 的补充,更好地度量风险。为了真正发挥压力测试的作用,相关人员需要充分理解压力测试的关键要素,并进行有效的治理工作。巴塞尔委员会也发布了压力测试的基本原则,规范了压力测试工作,促使其成为更有实效的风险管理工具。

考点聚焦

本章属于定性章节,考生应重点掌握框架与关键词。学习本章之后,考生需要了解压力测试与其他风险度量工具的关系,能够描述压力测试和压力测试治理的关键要素,并了解巴塞尔委员会对于压力测试提出的基本原则。

本章框架图

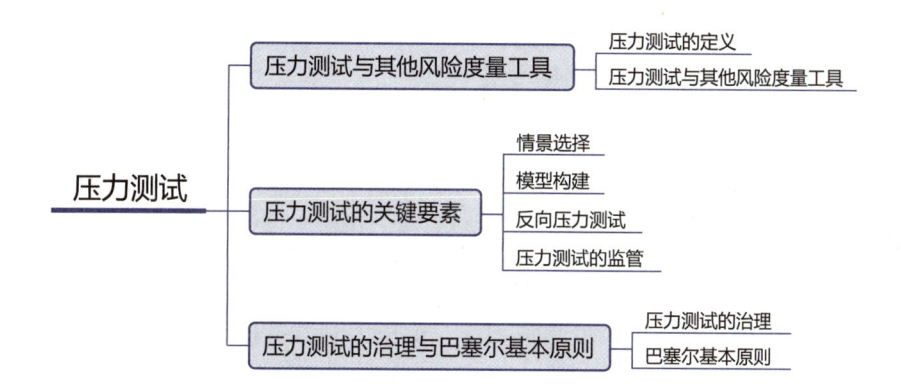

压力测试
- 压力测试与其他风险度量工具
  - 压力测试的定义
  - 压力测试与其他风险度量工具
- 压力测试的关键要素
  - 情景选择
  - 模型构建
  - 反向压力测试
  - 压力测试的监管
- 压力测试的治理与巴塞尔基本原则
  - 压力测试的治理
  - 巴塞尔基本原则

第一节 压力测试与其他风险度量工具

一、压力测试的定义

> 描述（describe）使用压力测试作为风险管理工具的基本原理（★）

压力测试是一种评估极端市场情景对资产组合或金融机构影响的方法，该方法通过估计金融机构面临极端情景的表现，从而判断是否有充足的资本金和流动性资产以抵御这些极端市场情景。

压力测试的步骤主要包括：情景设置，测试并监督进展，分析结果，并根据结果制定应对预案，提前避免或降低极端情景对机构带来的冲击。

压力测试考虑了在险价值（VaR）、预期亏空（ES）等方法未覆盖的极端情景，同时使用几种工具，可以对机构所面临的风险有一个更加全面的认识。

二、压力测试与其他风险度量工具

1. 压力测试与在险价值和预期亏空

> 描述（describe）压力测试与其他风险度量工具的关系，特别是在整个公司范围的压力测试（★）

压力测试的覆盖程度包括两个维度，一个维度是覆盖时间，压力测试应该在多个时间跨度下进行；另一个维度是覆盖面，即压力测试覆盖的是业务条线、投资组合、风险类别、风险敞口、金融工具，还是整个公司层面。

VaR 和 ES 描述的是整个公司范围的情况，在对比压力测试与 VaR 和 ES 时，也应该考虑覆盖整个公司范围的压力测试。整个公司范围的压力测试主要考虑的情景是宏观经济指标的极端情景，比如 GDP 增长率或者失业率。

压力测试与 VaR 和 ES 的区别，主要包括以下四个方面：

（1）前瞻性与后瞻性。压力测试是回答关于金融机构未来是否有充足资本金的问题，更多聚焦在未来，因此具有前瞻性（forward-looking）；而 VaR 和 ES 则是根据历史数据得到，它们认为未来（在某种意义上）会像过去一样，因此具有后瞻性（backward-looking）。

（2）是否假设损失分布。VaR 和 ES 往往会得出损失的概率分布，然后找到置信水平下的 VaR 和 ES；与 VaR 和 ES 不同，压力测试不提供损失的概率分布，虽然管理层可能评估不同情景的可能性，但通常不会在压力测试下得出所有可能结果的全部范围，压力测试只关注在极端市场的情况。因此，压力测试不需要估计损失分布，VaR 和 ES 需要基于损失分布进行风险度量。

（3）时间跨度长短不同。在考虑市场风险的情况下，VaR 和 ES 通常关注较短的时间跨度（如 10 天 97.5% 的 VaR 或者 10 天 97.5% 的 ES）；而压力测试通常着眼于更长的时间跨度，最常见的压力测试的时间跨度是 3 个月至 2 年。

（4）情景选择范围的广度。VaR 和 ES 着眼于反映历史的广泛场景，既考虑有利情境也考虑不利情境；而压力测试的情境范围较小，且只关注相对较少的不利情境。

例题 63.1

下列关于压力测试和 VaR 的描述中，错误的是（　　）。

A. 压力测试通常重点关注少数情景数据，而 VaR 通常关注许多情景数据
B. 具有一定概率水平是 VaR 的主要特征，而压力测试没有考虑概率问题
C. 压力测试采用目前的时间作为出发点，而不是历史时间
D. 压力测试和 VaR 的时间跨度都比较长

名师解析

答案为 D。压力测试的时间跨度较长，VaR 和 ES 的时间跨度较短，所以选项 D 描述错误。

2. 压力在险价值与压力预期亏空

描述（describe）压力 VaR 和压力 ES，包括它们的优点和缺点（★）
比较（compare）压力 VaR/压力 ES 和传统的 VaR/ES 在计算过程中的区别（★）

压力在险价值（stressed VaR）和压力预期亏空（stressed ES），将压力测试与在险价值有机融合。压力 VaR 和压力 ES 与普通的 VaR 和 ES 的区别在于，计算压力 VaR 和压力 ES 时使用的数据是从特别极端的时期收集的。因此，压力 VaR 和压力 ES 是从条件损失分布（极端条件）中获得的条件风险度量。通常巴塞尔协议要求选取的压力时期的时间为一年。

例如，假设选取 2008 年作为压力时期，得到 T 天 X% 的压力 VaR 为 10 亿，说明如果 2008 年的极端情景再次出现，那么在 T 天内有 X% 的可能性损失不会超过 10 亿（压力 VaR）。假设选取 2008 年作为压力时期，得到 T 天 X% 的压力 ES 为 100 亿，说明如果 2008 年的极端情景再次出现，那么在 T 天内，超过 X% 压力 VaR 的平均损失为 100 亿（压力 ES）。T 是一个比较短的时间跨度，一般为 1 天到 10 天。

压力 VaR 和压力 ES 的优点是考虑了压力环境，可以指导金融机构留出充足的资本金和流动性资产，以抵御极端市场情景的再次出现。

而压力 VaR 和压力 ES 的缺点之一正是考虑了压力环境，与当前市场有较大的差异，脱离实际问题。压力 VaR 和压力 ES 的缺点之二是很难进行回测，普通 VaR 考量所有可能的结果，因此可以进行回测。例如，假设回测 1 天 99%VaR，可以通过观察过去的运行情况来检验是否损失只在 1% 左右的时间内超过 VaR。然而不可能以这种方式回测压力 VaR，因为压力 VaR 关注的是极端情景，无法期望观察到极端情景出现的特定频次。

> **备考小贴士**
>
> 本节内容偏重定性考查。考生需要了解什么是压力测试，对比压力测试与 VaR/ES 的区别，明确压力 VaR/ES 的概念。

第二节 压力测试的关键要素

解释（explain）压力测试的关键要素，包括情景选择、监管规定、模型构建和反向压力测试等（★）

一、情景选择

情景选择的第一步是确定一个合适的时间跨度，这个时间跨度要足够长，以评估情景的全面影响，最常见的压力测试的时间跨度为 3 个月至 2 年。但是在某些情况下，非常长的场景可能是必要的。例如，养老金计划或保险公司在进行压力测试时可能会考虑进行长达几十年的时间跨度才足以覆盖长寿风险。对于时间跨度的选择，有些时间跨度是监管规定的，有些时间跨度是机构自身选择的。

情景选择的方法主要有以下三种：

1. 历史情景法

历史情景法（historical scenarios）基于历史数据，并且假设相关变量的行为都与过去相同。对于不同的变量，在参考历史行为时是考虑比例变化，还是考虑实际变化？对于像股价这类非百分数的变量，会选择重复过去的比例变化，例如股票价格下跌 50%，就是在当前股价的基础上乘以（1-50%）来计算变化后的股价。而对于像利率和信用利差这类本身就是百分数的变量，会选择重复过去的实际变化，例如利率上升 0.5%，就是在当前的利率水平下加上 0.5%。

有时候，会通过将所有风险因子的变化乘以一定数值，把过去的一个不利情景变得更加极端。例如，过去 6 个月亏损期间发生的情况，可将所有相关变量的变动幅度翻倍。然而，这种方法只考虑了风险因素的变化之间存在线性关系而忽视了其中的非线性关系。因为随着经济状况恶化，风险因子之间的相关性往往会增加。

2. 关键变量法

关键变量法（stress key variables）假设一个或多个关键变量发生了较大改变。例如：

（1）利率上升 150 个基点；

（2）波动率上升 100%；

（3）股票价格下降 30%；

（4）失业率上升 5%；

（5）GDP 下降 1.5%。

其他关键变量包括汇率、大宗商品价格、违约率等。

例如，在考虑市场风险的压力测试时，与金融机构的内部系统将提供相对较小的希腊字母形式变化的影响不同，压力测试假设关键变量的变化是重大的，并且希腊字母是量化了单一市场变量在短期内变化所产生的风险，而压力测试往往涉及多个市场变量在更长时间内的相互作用。

3. 特定压力测试法

特定压力测试法（ad hoc stress tests）是指金融机构应该设置一些特定情境，以反映当前经济状况、该机构的特殊风险敞口和对未来极端事件最新的评估。历史永远不会准确地重复，因此需要管理者判断来生成新的场景或根据过去的数据修改现有的场景。例如，2016年6月之前，英国的金融机构应该将民众投票脱离欧盟的情景作为一个有效的压力情景进行测试。公投在历史上没有先例，因此历史情景不会反映其中涉及的风险。

其他特定情境还包括政府政策的改变或巴塞尔协议关于资本金要求的改变。这些特定情境可以是全新设置的，也可以在现有情境基础上进行一定调整。

董事会与高管层应该充分认识到压力测试的重要性，严谨分析并把结果纳入风险管理决策的制定当中。

二、模型构建

使用关键变量法设置情景时，除了将少数几个关键变量作为核心变量（core variables），还需要考虑其他变量，即外围变量（peripheral variables）的预期变化。为了完善情景，需要建立起核心变量和外围变量的关联来决定外围变量的预期表现（例如，线性回归）。然而，重要的是要认识到构建两类变量在压力市场条件（而不是正常市场条件）的关联。

进行压力测试时，不仅要考虑极端情景对本机构带来的直接后果，还需要考虑连锁反应（knock-on effects），即极端情景对于其他金融机构和金融市场的冲击以及其他金融机构是如何应对极端情景的。在应对不利情况时，金融机构可能会采取加剧极端情景的行动，例如在2007—2008年次贷危机中，当房价下跌时，即便贷款人还有能力还贷，但由于房子价值低于房贷，贷款人仍纷纷选择违约，导致MBS价值下跌，金融机构则开始抛售MBS，转向质量更好的投资品，且不愿意进行银行间融资，这加剧了银行融资难度。每个金融机构都是金融系统中的一员，因此需要从更加宏观审慎的角度去分析极端情景对整个金融系统的影响。

三、反向压力测试

正常的压力测试分析的是金融机构是否顺利抵御极端情景,而反向压力测试分析的是哪些极端情景导致了金融机构的失败。可以理解为正常的压力测试是一个由因到果的过程,而反向压力测试是一个由果到因的过程。

反向压力测试的方法主要有以下两种:

(1) 历史情景法:分析过去的一系列极端情景,并评估每一个情景差到何种程度时会导致机构无法抵御。

(2) 关键变量法:确定一些关键变量,如 GDP 增长率、失业率、股价波动、利率变动等,并构建模型去包含其他相关变量,然后在所有的变量组合中反复寻找导致机构无法抵御的情景。

反向压力测试有助于金融机构排除一些不合理的情景,从而投入更多精力去测试合理情景。

四、压力测试的监管

金融机构除了进行内部压力测试,还会被监管当局要求执行特定压力测试。例如,在美国,美联储会要求所有总资产超过 500 亿美元的银行进行 CCAR 压力测试,即综合资本分析和审查(Comprehensive Capital Analysis and Review,CCAR)。在 CCAR 压力测试中,银行需要考虑四种情景:一般(baseline)、负面(adverse)、极端负面(severely adverse)和内部情景(internal scenario)。这四种情景由美联储进行设定。

银行在进行 CCAR 压力测试后,必须向美联储提交资本计划、证明模型的文件,以及压力测试的结果。如果相关银行没有通过 CCAR 压力测试,则需要增加资本金,并可能在分红政策上受到一定限制。

总资产在 100 亿美元到 500 亿美元的银行,需要进行 DFAST 压力测试,即《多德-弗兰克法案》压力测试(Dodd-Frank Act Stress Test,DFAST)。DFAST 和 CCAR 压力测试的情景是相似的,但是 DFAST 压力测试不要求提交资本计划,因为其资本管理是基于一系列标准假设的。

例题 63.2

下列关于 CCAR 和 DFAST 压力测试的描述中，错误的是（　　）。

A. CCAR 和 DFAST 都是监管当局要求金融机构执行的压力测试

B. 相比于 DFAST，CCAR 适用于资产规模更大的银行

C. CCAR 和 DFAST 都要求银行提交资本计划

D. 如果银行没有通过 CCAR 压力测试，那么该银行需要上调资本金并可能被限制支付股息

名师解析

答案为 C。DFAST 压力测试不要求银行提交资本计划，所以选项 C 描述错误。

备考小贴士

本节内容偏重定性考查。考生需要明确压力测试的关键要素，以及对应特点与要求。

第三节　压力测试的治理与巴塞尔基本原则

一、压力测试的治理

治理（governance）是压力测试的重要组成部分。有效的治理流程应该决定压力测试的覆盖程度，确保充分考虑压力测试的相关假设，保证压力测试的结果被董事会与高管层审慎分析并据此采取行动。压力测试治理的关键要素包括治理结构，政策、流程和文件管理，验证和独立审查，以及内部审计。

1. 治理结构

描述（describe）董事会与高管层在压力测试中的职责（★）

董事会与高管层在压力测试治理中扮演着非常重要的角色，两者应该职责分离，确保压力测试的有效执行。

　　董事会主要负责顶层设计，对整个压力测试项目最终负责。在风险治理中，董事会需要决定公司的风险偏好和风险文化，并监督主要战略的执行情况。在压力测试中，董事会需要决定如何开展压力测试。具体来说，董事会需要明确情景设置的流程，以及用于评估相关假设与模型的方法。虽然董事会并不负责进行压力测试，但是董事会需要对压力测试的相关知识有丰富的了解，并能够提出具有洞察力的问题。

　　高管层主要负责确保董事会授权的压力测试能够落地执行，并定期向董事会汇报。高管层还需要负责确保压力测试符合合理的政策和程序。当经济环境和新风险出现时，高管层还需要确保压力测试情景也随之变化。压力测试并非机械地进行，高管层应该深刻理解压力测试是如何进行的，并可以提供新的假设情景给董事会参考。

　　对于董事会和高管层来说，确保压力测试涵盖所有业务线和风险敞口非常重要。具体而言，应该在整个金融机构中使用相同的场景，然后聚合结果提供整个企业范围的风险视图，因为有时导致业务某一部分损失的情况可能也会在其他部分造成损失。董事会和高管层还应考虑一系列不同的时间范围，因为一些极端情况会比其他情况更快地出现。

2. 政策、流程和文件管理

> 描述（describe）压力测试的政策和流程（★）

　　金融机构应该有成文的压力测试政策与流程，并确保其被严格遵守。压力测试的政策与流程应保证清晰全面。具体来看，政策与流程应该：

（1）描述压力测试的原因。

（2）解释压力测试的流程。

（3）定义压力测试里的角色和职责。

（4）决定压力测试的频率。

（5）解释设置情景的流程。

（6）解释压力测试的独立审查方式。

（7）提供清晰的压力测试文件给第三方机构，如监管者、外部审计、评级机构等。

（8）说明压力测试结果被谁应用、如何应用。

（9）根据市场情况的改变进行合理更新。

（10）允许高管层去跟踪压力测试的结果。

（11）记录来自第三方机构的模型和软件的操作情况。

文档记录工作不是一项受欢迎的任务，它通常被认为是一种缺乏趣味性和创造性的活动。但是，文档是重要的，因为它可以确保关键员工离职后的工作连续性，并满足高级管理人员、监管机构和其他外部方的需要。

3. 验证和独立审查

> 描述（describe）压力测试的验证和独立审查的内容（★）

压力测试模型的验证比其他模型的验证更困难，因为压力测试假设的是罕见事件。在前面章节了解过，一天99%置信水平的VaR，可以通过计算实际损失超过VaR水平的百分比来验证。但是并没有类似的方法来验证压力测试的输出，因为从压力情况中获得的数据数量有限。

压力测试治理应该包括独立审查程序。独立审查本身应该是公正无偏的，且审查人员应该与执行人员保持独立，并向董事会确保压力测试是按照公司的政策和程序进行的。审查应该包含以下几个方面：

（1）覆盖压力测试的方方面面。

（2）确保压力测试是基于健全理论的。

（3）确保认识到压力测试的局限性与不确定性。

（4）持续监督压力测试的结果。

独立审查还应该确保压力测试考虑到在极端情景下变量的关系模型和在正常情景下变量的关系模型是不一样的。例如，在极端情景下，相关性会增加，回收率下降等。

4. 内部审计

> 描述（describe）内部审计在压力测试治理中的重要职能（★）

内部审计职能在压力测试治理方面可以发挥重要作用。它应确保压力测试由具有合适资格的员工进行，文档记录令人满意，模型和程序经过独立验证。内部审计部门不负责进行压力测试本身，但是会评估整个金融机构的压力测试。内部审计人员能够找到改进治理、控制和责任的方法，并向高级管理层和董事会提供建议。

二、巴塞尔基本原则

> 描述（describe）巴塞尔委员会对银行执行压力测试的原则（★）

1. 巴塞尔委员会对压力测试的总体要求

在审查 2007—2008 年危机前进行的压力测试的缺陷时，巴塞尔委员会得出了几个结论，总结如下：

（1）董事会与高管层参与度不够。

（2）部分银行对风险敞口未进行汇总。

（3）情景设置过于温和且时间跨度不够长。

（4）情景没有充分覆盖特定风险的细节。

所以，2009 年 5 月，巴塞尔委员会发布了《稳健的压力测试实践与监管原则》（以下简称《原则》），这很大程度上受到了 2007—2008 年次贷危机的影响。在《原则》中，巴塞尔委员会强调了压力测试在风险管理中的重要角色：

（1）提供了前瞻性的风险评估。

（2）克服了模型与历史数据的局限性。

（3）支持内部和外部沟通。

（4）有助于资本和流动性计划的制定。

（5）影响了风险偏好（risk appetite）的确定。

（6）促进了风险缓释策略和应对预案的提出。

《原则》强调，银行在计算市场风险资本金的时候，必须考虑严格、全面的压力测试，而在计算信用风险资本金时，也需要通过压力测试来检验模型假设的合理性。《原则》还指出，当市场条件持续温和一段时间后，压力测试更为重要，因为在温和的市场条件下，市场参与者容易产生自满情绪。

2. 修订后的巴塞尔基本原则

2017年，巴塞尔委员会修订了压力测试的基本原则，完善后的基本原则如下。

(1) 压力测试框架应该有清晰、可采纳的目标

压力测试框架设计应该满足压力测试的目标，这些目标由机构的董事会或高管层批准。这些目标是制定满足压力测试框架要求的基础，并应与银行的风险管理框架及其整体治理结构一致。参与实施压力测试框架的工作人员也应该清楚地了解压力测试框架的目标，因为这有助于指导工作人员明确一些可自主决定的因素。

(2) 压力测试框架应该有一个有效的治理结构

压力测试框架应该包括一个清晰、全面和记录在案的有效治理结构。该治理结构应该明确高级管理人员、监督者以及持续运行压力测试的负责人员的角色和责任。同时，该治理结构应确保对压力测试进行全面和一致的监督和监测。

治理结构应该为压力测试框架的所有方面指定角色和责任，包括：情景开发和批准，模型开发和验证，测试报告和测试的局限性，以及压力测试结果的使用。政策和程序应涵盖压力测试框架的所有方面，明确记录，保持最新，并由董事会或高管层批准。

(3) 压力测试应该被作为一项风险管理工具并影响商业决策

压力测试是一种前瞻性的风险管理工具，有助于银行和监管机构制定和实现战略和政策目标。在使用压力测试结果时，银行和监管机构应清楚了解其关键假设和局限性，例如情景相关性、风险覆盖范围和模型风险方面的局限性。

要想使压力测试成为一种有意义的风险管理工具，压力测试应定期进行。虽然会执行特定的压力测试，但通常根据特定的频率进行压力测试。制定特定的频率取决于以下几个因素，包括：压力测试框架的目标、压力测试的范围、银行或银行部门的规模和复杂性，以及宏观经济环境的变化。

(4) 压力测试框架应该包含所有重要、相关的风险，并确保使用足够负面的压力情景

压力测试框架应该捕捉到在风险识别过程中的重要以及相关的风险。风险识别

过程应包括对风险的全面评估,包括来自表内和表外的风险、盈利脆弱性以及可能影响银行偿付能力或流动性状况的其他因素的风险。

(5) 资源和组织框架应该能满足压力测试框架的目标

压力测试框架应该有能够满足其目标的组织结构和资源。治理结构需要确保为压力测试提供充足的资源。资源分配决策应该考虑随着时间的推移,压力测试变得越来越复杂,对专业人员、系统和IT基础设施的需求也越来越多。

确保资源的技能包括向内部员工传授知识,以及聘用具有专门压力测试技能的人员。通常需要的技能包括但不限于以下方面的专业知识:流动性风险、信用风险、市场风险、资本规则、财务会计、建模和项目管理等。

(6) 应该有充足的数据和稳健的IT系统支持压力测试

为了确定风险和压力测试的结果是可靠的,所使用的数据应该是准确和完整且颗粒度足够细化的。银行和监管机构都应建立健全的数据基础设施,能够检索、处理和报告压力测试中使用的信息,确保信息的质量满足压力测试框架的目标,制定程序解决确定的重大信息缺陷。

(7) 评估情景影响的模型与方法论应该与目标一致

评估情景影响的模型与方法论应与压力测试的目的和预期用途一致。这意味着:第一,在建模阶段,应根据压力测试框架的目标充分定义数据的覆盖范围、数据的颗粒度以及风险的类型;第二,确保模型的复杂程度适合压力测试的目标;第三,采用的模型和方法论需要有充分的理由,并进行文档记录。

(8) 压力测试模型、结果和框架应该接受挑战与定期审查

对银行和监管机构来说,定期审查和接受挑战是压力测试过程中的关键步骤。它们对于提高压力测试结果的可靠性至关重要,有助于理解其局限性,确定压力测试方法应改进的领域,并确保压力测试结果与框架目标一致。

(9) 应该加强机构内部与外部关于压力测试实践与结果的沟通

内部和外部利益相关者进行压力测试实践与结果的沟通对银行和监管机构都有好处。例如,相互沟通可以提供对风险的重要看法和观点。银行或者监管机构都应披露压力测试的结果,这有助于改善市场纪律,并提高人们对银行业应对压力的信心。

> **备考小贴士**
>
> 本节内容偏重定性考查。考生需要了解有效的压力测试的治理结构，了解巴塞尔委员会对压力测试的要求。